墨香会计学术文库

首发公司盈余管理问题：

针对业绩门槛的研究

Earnings Management of IPO Issuers:
Research about Operating Performance Thresholds

刘博 著

东北财经大学出版社
Dongbei University of Finance & Economics Press
大连

图书在版编目（CIP）数据

首发公司盈余管理问题:针对业绩门槛的研究 / 刘博著. —大连：
东北财经大学出版社，2021.5
（墨香会计学术文库）
ISBN 978-7-5654-4179-0

Ⅰ．首… Ⅱ．刘… Ⅲ．上市公司－企业利润－研究－中国
Ⅳ．F279.246

中国版本图书馆 CIP 数据核字（2021）第 066484 号

东北财经大学出版社出版

（大连市黑石礁尖山街217号 邮政编码 116025）
网 址：http：// www.dufep.cn
读者信箱：dufep@dufe.edu.cn

大连永盛印业有限公司印刷 东北财经大学出版社发行

幅面尺寸：170mm×240mm 字数：108千字 印张：6.5 插页：1
2021年5月第1版 2021年5月第1次印刷

责任编辑：李 彬 曲以欢 责任校对：京 玮
封面设计：张智波 版式设计：钟福建

定价：45.00元

前 言

　　本书结合我国业绩门槛调节首发市场竞争的制度背景，分析竞争对首发公司盈余管理策略的影响。我国证监会对申请首发公司设定了最低的业绩要求，即业绩门槛。为了遏制首发公司恶性竞争，2006年5月，证监会提高了首发公司业绩门槛，减少首发市场供给。随着业绩门槛的提高，低质量的公司再难以进入首发市场：一方面，投资者对公司的预期提高、打折减少，公司应对投资者的盈余管理水平减弱；另一方面，公司间相互模仿的动机随着业绩门槛的提高而减弱，公司应对其他公司竞争的盈余管理水平也会降低。总之，本书提出，随着业绩门槛的提高，首发公司应对投资者及其他公司竞争的盈余管理减弱。

　　本书研究发现，与业绩门槛提高前的首发公司相比，业绩门槛提高后首发公司可操控应计盈余管理及实际业务活动盈余管理水平均较低；业绩门槛作为利用市场机制调节盈余管理的制度，对于市场化水平较低地区的首发公司、国有首发公司及获得较多政府支持的非国有首发公司盈余管理的影响较弱。鉴于业绩门槛提高抑制了盈余管理，首发公司承担的信息不对称成本降低，首发溢价显著下降；首发公司的业绩表现较好，上市后长期市场业绩及长期会计业绩均优于业绩门槛提高前的首发公司。

　　本书扩展了盈余管理的竞争理论。Shleifer（2004）从道德视角提出，公司会为了应对竞争而采取盈余管理等不道德行为。然而，其并未关注盈余管理竞争策略的效率问题。与之不同，本书基于权衡理论提出，随着竞争的缓解，投资者对公司估值提高、打折降低，公司间相互模仿减弱，因此，公司通过盈余管理应对竞争的收益降低。本书解释了公司应对竞争压力而盈余管理的效率问题，扩展了相关研究。

　　本书扩展了首发公司盈余管理的研究。已有研究发现，首发公司为引导投资者估值、应对投资者打折而进行盈余管理（Teoh，Welch and Wong，1998；Shivakumar，2000），公司还会为了应对其他公司模仿而进行盈余管理（Fan，2007）。在此基础上，本书的研究表明，随着首发市场竞争的变迁，公司应对投资者及其他公司的盈余管理发生变化。本书的研究表明，竞争压力对首发公司盈余管理具有重要影响。

　　本书全面分析了业绩门槛条件下首发公司的盈余管理策略。已有研究主要关注门槛对业绩分布于门槛附近公司盈余管理的影响。本书的研究表明，业绩门槛会影响首发市场的竞争，因此，对全体首发公司盈余管理策略均有影响；而且，与业绩分布于门槛附近的首发公司相比，业绩远超过门槛的首发公司盈余管理随着门槛的提高而更显著地下降。

此外，本书为实施业绩门槛制度、推进国有股权私有化等提供了理论依据及实证证据。

作　者

2021年2月

目　录

1 绪论：以盈余管理应对竞争

盈余管理问题是相对成熟的研究领域，多数学者认为，公司利用市场缺陷，凭借会计政策及经营决策中的自由裁量权，通过操纵盈余主动谋求不当利益，盈余管理是机会主义行为（Healy and Wahlen，1999）。然而，Shleifer（2004）提出，盈余管理是公司面临激烈市场竞争而被动采取的应对策略。在面临倒闭、被接管、资金限制等市场压力的条件下，公司不得不通过盈余管理提高或维持投资者估值。可见，已有研究发现竞争会激励盈余管理，但尚未关注公司通过盈余管理应对竞争的效率问题。如果公司应对竞争的盈余管理是基于效率的考虑，那么，竞争压力的缓解很可能降低公司的盈余管理动机。我国首发市场起步晚、发展快，首发公司在利益优先的激励下，盈余管理等投机手段层出不穷。为了提高首发市场的资源配置效率，证监会于2006年提高了对申请上市公司的最低业绩门槛，试图减少首发市场供给，实现缓解首发市场恶性竞争的目的。基于此，本书将基于我国首发业绩门槛变迁的制度背景，研究公司通过盈余管理应对竞争的效率问题。

大量研究发现，首发公司会机会主义地盈余管理。现代会计制度允许公司结合会计估计及会计判断等手段提供更加准确的会计信息，但审计制度不完善及投资者有限理性等难以彻底克服的市场缺陷为公司操纵盈余创造了机会。会计信息会影响投资者估值及契约成本（Ball and Browm，1968；Beaver，1968；Watts and Zimmerman，1990），因此，公司有动机为了不当得利而机会主义地盈余管理。已有研究发现，增加融资收益，提高管理者薪酬，避免违反债务契约，减少法规成本或增加法规收益等均会激励公司盈余管理（Healy and Wahlen，1999）。与薪酬契约或债务契约的激励作用相比，融资等资本市场活动对公司盈余管理的激励作用尤其显著（Dechow and Skinner，2000）。首次公开募股（Initial Public Offering，IPO）是公司重要的融资决策，Aharony、Lin和Loeb（1993），Friedlan（1994），Teoh、Wong和Rao（1998），Aharony、Lee和Wong（2000），DuCharme、Malatesta和Sefcik（2004）等发现，首发公司会机会主义地盈余管理以提高融资收益。

与机会主义盈余管理观点略有不同，Shleifer（2004）认为，通常被理解为不道德的、功利的盈余管理行为也可能是由竞争所致。竞争会在短期内削弱公司的盈利能力，如果公司不采取盈余管理提高投资者估值，公司可能需要承担过高的资本成本，或者成为被接管的对象，甚至面临倒闭的风险。正如 Shleifer（2004）在文中强调的，其主要关注的是竞争对盈余管理影响的道德维度，之后的研究也多从道德视角为 Shleifer（2004）提供实证支持。Chih、Shen 和 Kang（2008）发现，承担较多社会责任的公司会减少盈余管理。可见，已有研究证明，竞争会激励公司盈余管理，然而，利用公司盈余管理应对竞争压力是否有利于公司效率并未得到论证。

本书认为，竞争压力体现于公司与投资者之间博弈及公司间博弈两方面，两者均会影响公司的盈余管理效率。在公司与投资者之间的博弈方面，公司除了通过盈余管理引导投资者估值，Stein（1989）、Shivakumar（2000）发现，公司还会通过盈余管理应对投资者逆向选择；在公司间的博弈方面，Fan（2007）证明，低质量公司通过盈余管理冒充高质量公司，相应地，高质量公司通过盈余管理与低质量公司进行区分。基于此，本书将应用博弈理论，分析不同竞争压力下公司通过盈余管理应对投资者及与其他公司博弈的成本及收益，并基于权衡理论，从效率角度揭示竞争对公司盈余管理策略的影响。

在我国政策调控较强的首发市场，业绩门槛法规是证监会等监管部门调节首发市场竞争压力的主要手段，会影响首发公司盈余管理等恶性竞争策略；不仅如此，我国采取渐进式改革策略，首发公司所处地区的市场发育水平、首发公司的国有属性及所获的政府支持等均会影响首发决策的市场化水平，而首发决策的市场化水平会影响市场机制对盈余管理策略的调节作用。

与美国等发达资本市场不同，我国资本市场的发展落后于快速成长的宏观经济。因此，我国资本市场的重要特征为，在强调市场化的同时借助行政干预加以规范。首发公司业绩门槛制度是股票发行核准制阶段监管部门调节首发市场供给的主要手段。2006 年以前，根据《股票发行与交易管理暂行条例》，满足其他条件且达到"连续三年盈利"业绩门槛的公司即可以申请公开发行股票。为进一步提高首发市场的资源配置效率，抑制首发公司的不良竞争，我国证监会于 2006年 5 月 18 日通过并开始执行《首次公开发行股票并上市管理办法》，提高了对首发公司的最低业绩要求。具体地，申请首发的公司不仅应当连续三年盈利，而且，最近三个会计年度的净利润需累计超过人民币 3 000 万元（净利润以扣除非经常性损益前后较低者为计算依据），最近三个会计年度经营活动产生的现金流量净额需累计超过人民币 5 000 万元或者最近三个会计年度营业收入累计超过人民币 3 亿元。可见，如果 2006 年较高的业绩门槛可以有效地将盈利能力较差的低质量公司拦截于首发市场之外，首发市场的供给将会减少，投资者对仍可以留在首发市场的优质公司估值较高、打折较少，公司间相互区分、冒充的动机较弱，首发市场的竞争将得以缓解。

我国发行体制市场化建设仍处于不断完善中，首发决策的市场化水平存在横截面差异，对于首发决策市场化水平较低的公司，市场竞争对其盈余管理的影响较弱。首先，位于市场化进程缓慢地区的公司首发决策更多地受地方政府影响，首发市场竞争对此类公司盈余管理策略的影响较弱。其次，国有公司特殊的所有权结构赋予其一定的非市场化目标及竞争策略（Aharony、Lee and Wong，2000；Brandt and Li，2003；Chen H、Chen J、Lobo and Wang，2010；Chen H、Chen J、Lobo and Wang，2011），因此，竞争对国有公司盈余管理策略影响会大打折扣。最后，我国政府广泛参与资本市场，在这样的市场环境中，非国有公司即使没有国有公司所有权上的先天优势，各类名目的政府支持也会削弱首发市场竞争对其盈余管理的影响。

基于上述研究动机，结合相关制度背景，本书依次分析业绩门槛变迁对首发公司盈余管理的影响，首发决策市场化水平对业绩门槛盈余管理效应的调节作用及业绩门槛盈余管理效应对首发溢价、长期业绩等首发异象的影响。具体研究问题如下：

一、业绩门槛变迁与首发公司盈余管理

首发市场竞争体现于公司与投资者的博弈及公司间的博弈。在2006年的《首次公开发行股票并上市管理办法》得以有效执行且新业绩门槛足够高的条件下，随着业绩门槛的提高，低质量公司难以进入首发市场，首发市场中公司的质量较高且相对数量较少。因此，随着业绩门槛提高，基于信号理论，投资者对公司估值提高。根据 Teoh、Welch 和 Wong（1998），DuCharme、Malatesta 和 Sefcik（2001），首发公司为了误导投资者估值而盈余管理。因此，公司误导投资者估值的盈余管理随业绩门槛提高而减弱。此外，Stein（1989）、Shivakumar（2000）证明，投资者预期公司存在盈余管理而对其打折，公司通过盈余管理弥补投资者逆向选择成本。较高业绩门槛时期的首发公司质量较高，盈余管理动机较弱，投资者较少打折，公司应对投资者打折的盈余管理水平较低。至于公司间的博弈，根据 Fan（2007），公司通过盈余管理相互冒充、区分。随着业绩门槛的提高，公司间业绩差异降低，公司间博弈的盈余管理动机会随之降低。基于此，提出并论证本书的**研究问题 1，随着业绩门槛的提高，首发公司盈余管理减弱**。值得注意的是，以上假设是可拒绝的，随着业绩门槛的提高，首发公司可能更显著地盈余管理。根据陈小悦、肖星和过晓艳（2000），Chen 和 Yuan（2004），Haw、Qi、Wu L 和 Wu W（2005），Yu、Du 和 Sun（2006），以会计信息为基础的业绩门槛法规会激励公司通过盈余管理满足业绩要求。因此，较高的业绩门槛可能激励公司为了达标而更显著地操纵盈余。然而，Chen 和 Yuan（2004），Haw、Qi、Wu L 和 Wu W（2005）发现，监管机构有能力在一定程度上识别融资公司为了达标的盈余管理。因此，业绩门槛提高对融资公司达标盈余管理的激励作用较弱。

首发决策市场化水平会影响首发业绩门槛变迁的盈余管理效应。首先，我国渐进式改革导致公司首发决策的市场化水平存在地区横截面差异。与市场化水平较高地区的首发公司相比，市场化水平较低地区首发公司应对竞争的非市场化手段较多，且盈余管理的成本较低。因此，竞争压力变迁对市场化水平较低地区首发公司盈余管理水平的影响较弱。基于此，提出并论证本书的**研究问题 2，与市场化水平较高地区首发公司相比，业绩门槛提高对市场化水平较低地区首发公司盈余管理的影响较弱**。其次，国有公司与非国有公司首发竞争的市场化水平存在差异。与非国有首发公司相比，国有首发公司本就处于资本市场竞争中的优势地位，而且，国有公司提高首发经济效益的动机较弱。因此，国有首发公司盈余管理受首发市场竞争变化的影响较弱。基于此，提出并论证本书的**研究问题 3，与非国有首发公司相比，业绩门槛提高对国有首发公司盈余管理的影响较弱**。最后，非国有首发公司是否获得较多政府支持会影响首发竞争的市场化水平。与获得较少政府支持的非国有首发公司相比，获得较多政府支持的非国有首发公司有更好的投资效率、较高的投资者估值及更多的非市场化竞争手段。基于此，提出并论证本书的**研究问题 4，与获得较少政府支持的非国有首发公司相比，业绩门槛提高对获得较多政府支持的非国有首发公司盈余管理的影响较弱**。

二、业绩门槛变迁与首发溢价

信息不对称对首发溢价具有首要影响（Ljungqvist，2007）。较高的业绩门槛可以约束首发公司盈余管理，因此，随着业绩门槛的提高，首发市场的信息不对称水平下降。不仅如此，较高的业绩门槛向投资者传递了首发公司业绩较高、公司间业绩差异较小的信号。根据 Baron（1982）、Rock（1986）、Benvenist 和 Spint（1989）、Allen 和 Faulhabe（1989）等，信息不对称水平越低，首发公司需要支付的首发溢价越少。因此，随着业绩门槛的提高，首发溢价降低。然而，随着业绩门槛的提高，首发公司提高发行价的动机减弱，而且首发市场的供给减少，这些又会导致首发溢价的提高。可见，业绩门槛提高对首发溢价的影响是一个实证问题。基于此，提出并论证本书的**研究问题 5.1，随着业绩门槛的提高，首发溢价降低**；提出并论证本书的**研究问题 5.2，随着业绩门槛的提高，首发溢价提高**。

三、业绩门槛变迁与首发公司上市后市场业绩

随着业绩门槛的提高，首发公司盈余管理减少，投资者估值误差降低，根据 Teoh、Welch 和 Wong（1998），此会缓解首发公司上市后的市场弱势（Underperformance）；然而，业绩门槛较高的首发市场资源配置效率较高，首发公司更多净现值为正的项目得以实施，公司风险随之降低，根据 Carlson、Fisher 和 Giammarino（2006）等，首发公司上市后市场业绩会显著下降。可见，业绩门槛提高对首发公司上市后市场业绩的影响是一个实证问题。基于此，提出并论证本书的**研究问题 6.1，随着业绩门槛的提高，首发公司上市后市场业绩下降得较少**；提出并论证本书的**研究问题 6.2，随着业绩门槛的提高，首发公司上市后市**

场业绩下降得较多。

四、业绩门槛变迁与首发公司上市后会计业绩

Jain 和 Kini（1994），Teoh、Wong 和 Rao（1998），Aharony、Lee 和 Wong（2000）证明，首发公司通过盈余管理提高的会计业绩难以在上市后维持，盈余管理越严重，首发公司上市后的会计业绩越差。鉴于较高的业绩门槛法规既提高了对公司的业绩要求，又可以抑制首发公司盈余管理，虽然业绩门槛以历史业绩为基础，但是仍然可以筛选出未来业绩较好的高质量公司。基于此，提出并论证本书的**研究问题 7，随着业绩门槛的提高，首发公司上市后会计业绩提高。**

与研究问题相对应，本书以我国业绩门槛变迁前后首发公司为样本，依次证明业绩门槛变迁对首发公司盈余管理的影响，首发决策市场化水平对业绩门槛盈余管理效应的调节作用及业绩门槛盈余管理效应对首发溢价、长期业绩等首发异象的影响。

结合我国首发市场发展历史及相关法规变迁，本书以 2002 年至 2012 年在沪深两市主板、中小板上市的首发公司为研究样本，经过剔除非正常方式上市的首发公司、金融类与保险类首发公司及缺失必要研究数据的首发公司，得到本书的有效研究样本 985 家首发公司。其中，业绩门槛提高前的首发公司 238 家，业绩门槛提高后的首发公司 747 家；来自市场化水平较高地区的首发公司 530 家，来自市场化水平较低地区的首发公司 455 家；非国有首发公司 694 家，国有首发公司 291 家。

为了证明业绩门槛变迁影响首发公司应对竞争压力的盈余管理，本书比较了业绩门槛提高前后公司首发前两年可操控应计盈余管理及实际业务活动盈余管理的差异。具体地，针对研究样本的特殊性——业绩门槛提高前后首发公司业绩存在差异，本书应用 Kothari、Leone 和 Wasley（2005），Cohen、Pandit、Wasley 和 Zach（2011）提出的业绩配对方法，分别根据 Dechow、Sloan 和 Sweeney（1995），Roychowdhury（2006）及 Cohen 和 Zarowin（2010）估计公司首发前两年的可操控应计盈余管理及实际业务活动盈余管理。研究发现，公司首发前会通过操纵应计利润提高盈余及现金折扣促进销售、减少销售费用、减少管理费用等实际业务活动提高盈余；随着业绩门槛的提高，首发公司会减少可操控应计盈余管理及实际业务活动盈余管理。

为了证明首发决策的市场化水平会影响业绩门槛变迁的盈余管理效应，本书分别分析了首发公司所处地区市场化进程的发展水平、首发公司所有制及非国有首发公司政府支持对业绩门槛与盈余管理关系的调节作用。研究发现，对于首发决策市场化水平较低的公司，如处于市场化水平相对较低地区的首发公司、国有首发公司及获得较多政府支持的非国有首发公司等，业绩门槛提高前后公司可操控应计盈余管理的变化较弱。然而，无论地区市场化水平差异，国有属性差异，

还是政府支持差异，均不影响首发业绩门槛提高的实际业务活动盈余管理效应。结果表明，首发决策的市场化水平越高，业绩门槛提高对其可操控应计盈余管理的抑制作用越显著。

为了分析业绩门槛提高对首发溢价的影响，本书比较了业绩门槛提高前后首发溢价。具体地，本书以首发公司上市首日收盘价相对于首发价的增长率表示首发溢价。研究发现，随着业绩门槛的提高，公司首发溢价显著下降。结果表明，正如 Ljungqvist（2007）提出的，信息不对称对首发溢价的影响是首要的，由于信息不对称水平随着业绩门槛的提高而减弱，业绩门槛提高的净效应为首发溢价降低。

为了分析业绩门槛提高对首发公司上市后市场业绩的影响，本书比较了业绩门槛提高前后首发公司上市后 12 个月、24 个月、36 个月的市场业绩。研究发现，较高业绩门槛时期首发公司上市后 12 个月、24 个月、36 个月的买入并持有收益显著高于较低业绩门槛时期的首发公司。结果表明，较高业绩门槛时期首发公司的盈余管理较弱，投资者估值较少被误导，上市后投资者估值的调整幅度较小。

为了证明首发公司上市后会计业绩随着业绩门槛的提高而提高，本书比较了业绩门槛提高前后首发公司上市后三年内的会计业绩。研究发现，与较低业绩门槛时期的首发公司相比，较高业绩门槛时期首发公司在上市当年、上市后第一年、上市后第二年的总资产收益率较高。结果表明，虽然业绩门槛以历史业绩为基础，但是，其不仅可以筛选历史会计业绩较好的公司，还可以筛选未来会计业绩较好的公司。

除了上述的主要检验外，本书还进行了以下附加检验：

基于首发公司的业绩达标水平分析业绩门槛提高对首发公司盈余管理的影响。对于业绩远超过门槛的相对高质量公司，业绩门槛提高会显著缓解其面临的首发市场竞争压力，而显著地抑制其盈余管理；然而，对于业绩接近门槛的相对低质量公司，业绩门槛提高除了会抑制其应对竞争压力的盈余管理，还会激励其为了达标的盈余管理。本书结合 2006 年业绩门槛法规对门槛的规定，分别根据净利润及现金流确定相对低质量公司及相对高质量公司，先后分析了业绩门槛提高前后两组公司利润操纵、现金流操纵及营业收入操纵的差异。研究发现，与业绩分布于门槛附近的相对低质量公司相比，随着业绩门槛的提高，业绩远超过门槛的相对高质量公司利润操纵、现金流操纵、营业收入操纵下降得更显著。结果表明，与业绩分布于门槛附近的首发公司相比，业绩门槛提高可以更显著地缓解业绩远超过门槛的高质量首发公司面临的竞争压力，更显著地抑制高质量首发公司盈余管理。

基于首发公司业绩分析业绩门槛提高对首发公司盈余管理的影响。公司的盈余管理策略会受到公司业绩的影响，而业绩门槛提高前后首发公司业绩存在差异，可见，不同业绩门槛时期首发公司盈余管理的差异可能是由公司业绩差异所致。然而，本书认为，对于业绩门槛提高前后业绩相近的公司，因竞争对手的业绩存在差异，其盈余管理策略也会存在差异。基于此，本书分别以2006年新的业绩门槛及首发前一期ROA为标准，确定业绩门槛提高前后业绩相近的首发公司。研究发现，即使对于业绩相近的首发公司，可操控应计盈余管理及实际业务活动盈余管理仍然会随着业绩门槛的提高而减弱。研究表明，业绩门槛变迁影响首发市场中公司的业绩分布，引起的首发市场竞争环境的变化，是公司盈余管理策略随业绩门槛变迁而变化的原因。

为了控制2006年业绩门槛法规实施前后发生的，可能引起盈余管理变化的其他资本市场变革对首发公司盈余管理的影响，本书应用双重差分模型（Difference-in-differences model，DID），以已上市的非首发公司为对照样本，控制全体公司盈余管理时间序列趋势，分离首发公司盈余管理时间序列趋势，证明业绩门槛变迁对首发公司盈余管理策略的影响。研究发现，在控制非首发公司盈余管理变化趋势的条件下，2006年后首发公司可操控应计盈余管理及实际业务活动盈余管理水平下降，表明业绩门槛变迁是首发公司盈余管理下降的主要因素。

为了控制2006年业绩门槛法规以外的其他首发制度变迁对首发公司盈余管理时间序列趋势的影响，本书分析了首发公司盈余管理的年度变化趋势，分析发现，首发公司可操控应计盈余管理与实际业务活动盈余管理的年度均值及中位数均于2006年下降。进一步地，本书将样本区间缩短至2004年1月1日至2008年12月31日。在新样本区间内，除业绩门槛法规外，几乎无其他可能导致首发公司盈余管理变化的首发制度变迁。研究发现，2004年1月1日至2006年5月18日首发公司可操控应计盈余管理及实际业务活动盈余管理显著高于2006年5月18日至2008年12月31日。结果表明，业绩门槛变迁是导致首发公司可操控应计盈余管理与实际业务活动盈余管理时间序列变化的主要制度因素。

本书分别发展了竞争与盈余管理的研究、融资公司盈余管理的研究及业绩门槛与公司盈余管理的研究：

首先，本书从效率的角度，发展了竞争与盈余管理的研究。Shleifer（2004）从道德角度论证了竞争的消极影响，如果公司采取有违社会规范的手段获取竞争优势，则竞争会激励不道德行为的产生及扩散，资本市场压力正是导致盈余管理这种不道德行为普遍存在的原因。已有研究沿着Shleifer（2004）的道德视角，发展了竞争与盈余管理的研究。Chih、Shen和Kang（2008），Cai和Liu（2009），Chu、Du和Jiang（2011）发现，竞争压力越大，公司的盈余管理越严重。与上述研究不同，本书从效率角度论证了竞争对公司盈余管理的影响。随着竞争的缓解，投资者对公司估值提高、打折降低，公司间相互冒充、区分减弱，因此，公司通过盈余管理应对竞争的收益降低。可见，本书解释了公司应对竞争压力而盈余管理的效率问题，扩展了相关研究。

其次，本书扩展了融资公司盈余管理的研究。早期研究多将盈余管理看作公司的机会主义行为，Teoh、Wong 和 Rao（1998），Teoh、Welch 和 Wong（1998）、DuCharme、Malatesta 和 Sefcik（2001），DuCharme、Malatesta 和 Sefcik（2004）等以投资者不能识别公司盈余管理为前提，证明融资公司为了引导投资者估值而盈余管理。随着对资本市场各交易主体间博弈关系研究的深入，部分研究以投资者可以在一定程度上识别盈余管理为前提，发现了公司与投资者之间博弈及公司间博弈的盈余管理效应。Stein（1989）、Shivakumar（2000）提出，在投资者预期公司存在盈余管理而公司又不能证明自己不存在盈余管理的条件下，公司与投资者陷入囚徒困境，公司的占优策略为通过盈余管理弥补投资者打折带来的成本。Fan（2007）证明，首发公司可以通过盈余管理向投资者传递私有信息，低质量公司通过盈余管理模仿高质量公司，高质量公司通过盈余管理与低质量公司相区分，均衡条件下，真实业绩越好的公司，通过盈余管理报告的盈余越高。本书研究发现，随着首发市场竞争环境的改善，投资者对公司预期较高、打折减少，公司引导投资者估值及应对投资者逆向选择的盈余管理减弱，此外，公司间相互竞争的盈余管理也会降低。可见，本书的研究表明，市场竞争环境会影响融资公司的盈余管理策略。

最后，本书更全面地分析了业绩门槛条件下融资公司的盈余管理策略。大量研究认为，业绩门槛法规以会计信息为基础，会激励业绩分布于门槛附近的公司盈余管理（如陈小悦、肖星和过晓艳，2000；Chen C，Chen S and Su，2001；Chen and Yuan，2004；Haw，Qi，Wu D and Wu W，2005；Yu，Du and Sun，2006）。本书发现，与法规制定者的初衷一致，业绩门槛的首要作用为筛选高质量公司进入首发市场，提高首发市场的资源配置效率。因此，全体首发公司面临的竞争压力随着业绩门槛的提高而缓解，不仅业绩分布于门槛附近的公司，全体首发公司应对竞争压力的盈余管理均会相应减弱。可见，已有研究主要关注低质量公司基于达标的盈余管理策略，不能全面体现业绩门槛法规的盈余管理效应。本书的研究表明，业绩门槛法规会影响全体首发公司的盈余管理策略。而且，业绩分布于门槛附近的相对低质量公司与业绩远超过门槛的相对高质量公司盈余管理策略存在差异，与低质量首发公司相比，业绩门槛提高对业绩远超过门槛的高质量公司面临的竞争压力影响更显著，可以更显著地抑制其盈余管理。

本书的研究结果对完善发行制度及推进市场化建设具有以下政策启示：

首先，本书为业绩门槛法规提供了理论支持。本书的研究表明，较高的业绩门槛不仅具有抑制首发公司盈余管理的积极作用，还可以为首发公司节约溢价成本，筛选未来市场业绩、会计业绩较好的公司。已有研究对业绩门槛法规的有效性提出诸多质疑。除了会激励融资公司盈余管理外，吴文锋、胡戈游、吴冲锋和芮萌（2005）提出，业绩门槛法规以"历史"业绩为基础，未必能筛选出"未来"业绩好的公司。本书的研究表明，随着业绩门槛的提高，公司面临的竞争压力得以缓解，约束了公司盈余管理。因此，即使考虑到首发前公司盈余管理的影响，高业绩门槛时期首发公司上市后业绩仍高于低业绩门槛时期首发公司。本书支持并完善了王正位、赵冬青和朱武祥（2006），Chen 和 Wang（2007）、郑琦和陈鹄飞（2009）的政策启示。可见，本书为证监会有关融资业绩门槛政策作用提供了理论依据和实证证据。

其次，本书为加快地区市场化建设，推进国有股权私有化进程，促进政企分离等提供理论支持。市场化水平落后地区的公司首发决策更多地受到政府干扰，国有首发公司背负过多政治目的及享受更多政治优待，这些均会削弱业绩门槛法规的积极影响。本书研究发现，业绩门槛提高对来自市场化水平较低地区首发公司、国有首发公司及获得较多政府支持的非国有首发公司盈余管理的影响较弱。可见，优化资源配置等市场改革策略的效果受到市场化水平影响，加快市场化建设、国有股权私有化等对经济改革效果具有事半功倍的作用。

本书主要包括以下6个章节：

第1章为绪论。该章论述了全书的研究思路。首先，该章详细介绍了研究背景及动机；进一步地，该章概述了本书的研究问题、研究方法、研究发现及研究贡献等。

第2章为盈余管理的相关理论回顾。该章论证了全书的理论基础。首先，该章节介绍了盈余管理的基础理论，特别介绍了盈余管理的主要方式及盈余管理的竞争理论；进一步地，结合本书的具体研究问题，该章介绍了融资公司盈余管理的相关研究及融资公司达标的盈余管理。

第3章为业绩门槛与盈余管理的理论分析。首先，该章介绍了全书的制度背景。结合本书理论逻辑，该章着重介绍了我国证监会等监管机构通过业绩门槛调节首发市场竞争环境的策略。其次，该章论证全书的基本理论逻辑。主要涉及业绩门槛变迁对首发公司盈余管理的影响、首发决策市场化水平对业绩门槛盈余管理效应的调节作用及业绩门槛变迁对首发溢价、首发公司上市后市场业绩、会计业绩的影响。

第4章为业绩门槛与盈余管理的实证分析。该章以实证分析方法证明全书理论逻辑可靠。首先，该章介绍样本选取及变量定义等基本研究设计；其次，与理论逻辑相对应，该章检验了业绩门槛变迁对首发公司可操控应计盈余管理及实际业务活动盈余管理的影响及首发竞争市场化水平的地区差异、所有制差异及政府支持差异的调节作用；最后，该章依次检验业绩门槛变迁对首发溢价、首发公司上市后市场业绩、会计业绩的影响。

第5章为业绩门槛与盈余管理的附加检验。在第4章的基础上，该章进行一系列附加检验，进一步支持全书理论逻辑。首先，为了证明盈余管理确为公司应对竞争的手段，该章分别基于业绩达标水平及业绩进一步分析业绩门槛对首发公司盈余管理的影响；其次，为了明确业绩门槛变迁是首发公司盈余管理变化的主要因素，该章排除了业绩门槛法规公告同期其他资本市场事件及业绩门槛法规以外其他首发法规的影响。

第6章为研究结论。该章为全书的总结。首先，总结全书的研究发现。在此基础上，提出研究贡献。

本书框架图请详见图1-1。

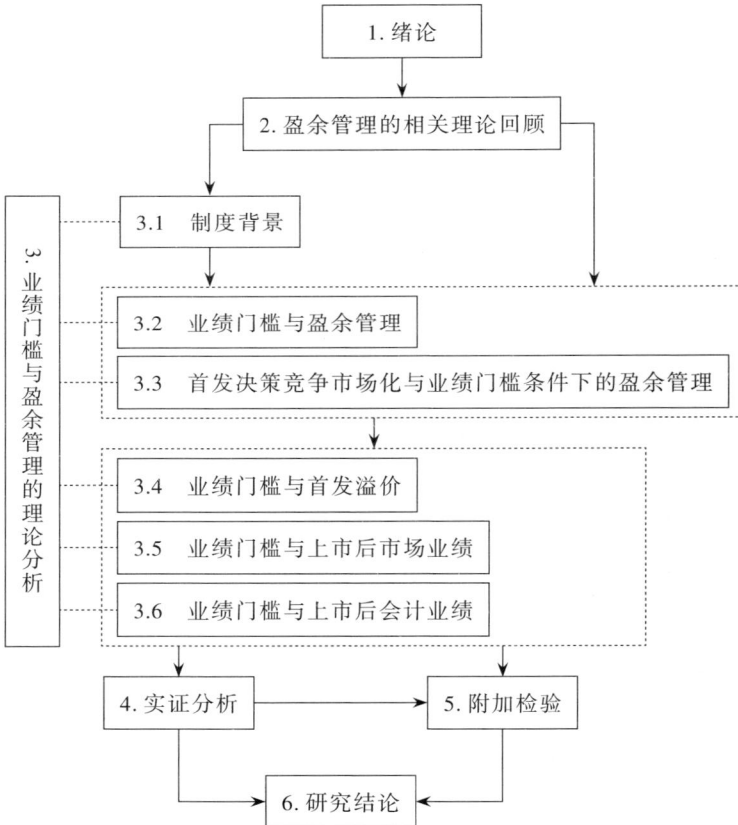

图1-1　本书框架图

2 盈余管理的相关理论回顾

2.1 盈余管理基础理论

所谓盈余管理（Earnings Management，EM）是指，公司（管理者）利用财务报告或交易决策中的自由判断改变财务报告结果，意在误导利益相关者对公司经营情况的评价及估计，或影响基于会计信息的契约（Healy and Wahlen，1999）。公司之所以有动机操纵盈余是因为，会计信息是有价值的，可以影响投资者及其他利益相关者的估值（Ball and Brown，1968；Beaver，1968），在存在契约成本的条件下，公司通过操纵会计信息可以影响各契约主体间的财富分配（Watts and Zimmerman，1990）。可见，所有涉及公司财富的契约均可能激励公司采取盈余管理策略。已有研究主要分析了公司与股东间的契约关系中、公司与债权人间的契约关系中、公司与管理者的契约关系中及公司与法规制定者关系中的盈余管理问题。

2.1.1 公司与股东契约关系中的盈余管理问题

首先，鉴于公司市场价值对融资等资本市场活动的收益有重要影响，且公司可以通过盈余管理影响短期市场价值，大量研究证明，公司会在资本市场活动前后操纵盈余。Teoh、Wong 和 Rao（1998），Teoh、Welch 和 Wong（1998），Cohen 和 Zarowin（2010），王克敏和刘博（2012）等证明，首发公司及再融资公司会向上操纵盈余。Gong、Louis 和 Sun（2008b），Chen 和 Huang（2013）等证明，回购公司会向下盈余管理。Healy 和 Palepu（1990），Kasanen、Kinnunen 和 Niskanen（1996），Daniel、Denis 和 Naveen（2008）等证明，公司为了维持股利支付水平而盈余管理。鉴于股权转让的复杂性，已有研究尚未就股权转让公司及目标公司的盈余管理策略达成一致意见。针对股权转让公司盈余管理的研究中，Heron 和 Lie（2002）证明，股权转让公司并未操纵盈余；Erickson 和 Wang（1999），Louis（2004），Gong、Louis 和 Sun（2008a）等证明，股权转让公司在转让前会向上盈余管理。针对目标公司盈余管理的研究中，Dewenter 和 Malatesta（2001）认为，目标公司未显著盈余管理；DeAngelo（1988）、Christie 和 Zimmerman（1994）则发现，目标公司会向上盈余管理；Perry 和 Williams

11

（1994）、Wu（1997）、白云霞和吴联生（2008）、王克敏和刘博（2014）等证明，目标公司会向下盈余管理。

其次，公司会为了满足分析师、投资者的业绩预期而盈余管理。根据理性经济学及感知心理学，利益相关者对公司业绩存在"心理门槛"，如零业绩、本公司前期业绩、同行业公司同期业绩及分析师预测等，达到相关心理门槛可以直接或隐含地提高公司收益。Graham、Harvey 和 Rajgopal（2005）调研发现，公司希望通过满足投资者心理门槛而达到在资本市场建立信用、维持或提高估值、提高管理层的声誉及传递未来成长性信息等目的。Burgstahler 和 Dichev（1997），Degorge、Patel 和 Zeckhauser（1999），Matsumoto（2002），Yu、Du 和 Sun（2006），Chi 和 Gupta（2009），Jackson 和 Liu（2010）证明，公司为了达到相关心理门槛而盈余管理。

最后，在股权集中度较高的公司，大股东可以影响公司盈余管理策略，且大股东与中小股东委托代理问题较严重，盈余管理成为大股东侵占中小股东利益的手段。Leuz、Nanda 和 Wysocki（2003）证明，内部人为了维持控制权私有收益，通过盈余管理向外部投资者隐瞒业绩，在投资者保护较好的国家，公司盈余管理较弱。Haw、Hu、Hwang 和 Wu（2004）证明，控制权与现金流量权分离会导致严重的盈余管理问题，法制监管及其他法制以外监管策略可以保护中小股东利益，抑制盈余管理。Francis 和 Wang（2008）证明，高质量的审计服务同样可以抑制大股东侵占中小股东利益的盈余管理。

2.1.2 公司与债权人契约关系中的盈余管理问题

借款契约通常以会计信息为基础，已有研究表明，公司会基于借款契约条款而盈余管理，为降低借款违约风险，公司会向上盈余管理，尤其是对于接近违约条件的公司（Press and Weintrop，1990；Begley，1990；DeFond and Jiambalvo，1994；Sweeney，1994；Dichev and Skinner，2002 等）；在浮动借款利率的条件下，为了节约借款成本，公司会通过向上盈余管理提高业绩而降低利率（Beatty and Weber，2003）。此外，公司公开发行债券前，为了节约融资成本，公司会通过盈余管理影响信用评级及债券利率等（Chou，Wang，Chen and Tsai，2009；Caton，Chiyachantana，Chua and Goh，2011；Demirtas and Cornaggia，2013 等）。

2.1.3 公司与管理者契约关系中的盈余管理问题

Lambert（1984），Healy（1985），Holthausen、Larcker 和 Sloan（1995），Gaver J、Gaver K 和 Austin（1995），Balsam（1998），Guidry、Leone 和 Rock（1999），Kirschenheiter 和 Melumad（2002），Comprix 和 Muller（2006）等证明，

管理者会基于薪酬契约的设计而制定盈余管理策略。特别地，Baker、Collins 和 Reitenga（2003），Cheng 和 Warfield（2005），Burns 和 Kedia（2006），Bergstresser 和 Philippon（2006），Erickson、Hanlon 和 Maydew（2006），Efendi、Srivastava 和 Swanson（2007），Jiang、Petroni 和 Wang（2010）等强调，与现金薪酬相比，权益薪酬尤其可以激励管理者盈余管理，权益薪酬占总薪酬比例越高，公司的盈余管理越严重。此外，Fudenberg 和 Tirole（1995）发现，为了维持管理地位，赚取职务租金，管理者会通过盈余管理提高公司业绩。

2.1.4 公司与法规制定者契约关系中的盈余管理问题

Wong（1988），Cahan（1992），Hall（1993），Key（1997），Han 和 Wang（1998），Patten 和 Trompeter（2003），Monem（2003），Johnston 和 Rock（2005），Johnston 和 Jones（2006），Byard、Hossain 和 Mitra（2007），Grace 和 Leverty（2010），Cho 和 Sachs（2012）等证明，公司通过盈余管理降低垄断行业规则等相关的政治成本。Jones（1991）证明，公司通过向下盈余管理以赚取政治收益。

总之，已有研究证明，资本市场活动、债务契约、管理者薪酬契约、政治成本、政治收益等均可能激励公司盈余管理。其中，资本市场动机对盈余管理的影响尤其显著普遍（Dechow and Skinner，2000）。

2.2 盈余管理主要方式

为了影响财务报告中的会计信息，公司可以采取基于会计估计、会计判断等仅操纵会计数据的盈余管理方式，如可操控应计盈余管理（Accrual Manipulation，AM）。Graham、Harvey 和 Rajgopal（2005）发现，在很多情况下，公司会通过实际业务活动盈余管理（Real Activities Manipulation，RM）来实现其影响会计信息的目的。

可操控应计盈余管理是指，仅操纵会计应计利润而不直接影响现金流的业绩操纵方式。关于可操控应计盈余管理的估计，Jones（1991），Dechow、Sloan 和 Sweeney（1995），Dechow 和 Dichev（2002），Francis、LaFond、Olsson 和 Schipper（2005），Dechow、Hutton、Kim 和 Sloan（2012）先后提出 Jones 模型、修正 Jones 模型及 DD 模型等可操控应计盈余管理估计模型。在众多估计模型中，Jones 模型及修正 Jones 模型应用得较为广泛。在上述模型基础上，Kothari、Leone 和 Wasley（2005）提出，估计的可操控应计利润受公司业绩影响，而大部分研究样本的业绩并非随机分布，因此，业绩配对方法会降低传统可操控应计盈余管理估计模型的错误指定问题。

实际业务活动盈余管理是指，管理者背离标准商业实践操纵经营活动，意在误导利益相关者相信正常经营活动实现了某一盈利指标的行为。Graham、Harvey和Rajgopal（2005）的问卷调查表明，管理者会利用实际业务活动美化盈余，80%的受访者指出，他们将会通过降低研发费用、广告费用等方式以达到业绩目标，半数以上受访者坦承，即使会导致公司价值的损失，他们仍会为了达到业绩目标而推迟开展新的项目。鉴于实际业务活动盈余管理的复杂性，早期研究多关注公司操纵某一具体类型的经营活动，如Baber、Fairfield和Haggard（1991）关注公司操纵研发费用，Bartov（1993）分析利用资产处置的盈余操纵策略，Thomas和Zhang（2002）分析公司通过操纵存货管理盈余。基于上述具体经营活动盈余管理研究的发展，Roychowdhury（2006）、Gunny（2010）等提出了系统估计实际业务活动盈余管理的模型。进一步地，Cohen、Pandit、Wasley和Zach（2011）认为，业绩波动既会影响公司出于操纵盈余动机的经营活动，又会影响公司非操纵盈余动机的经营活动，因此，业绩配对方法可以提高传统实际业务活动盈余管理估计模型的效率。

与可操控应计盈余管理相比，实际业务活动盈余管理的成本较高，通过牺牲公司的经济利益以换取看上去较好的会计信息，然而，实际业务活动盈余管理具有难以被审计师察觉、诉讼风险较低等优点（Graham，Harvey and Rajgopal，2005）。因此，公司会在两种盈余管理方式之间权衡（Cohen and Zarowin，2010；Zang，2012）。在诉讼风险提高的条件下，公司会减少操纵应计利润而更多地操纵实际业务活动。Ewert和Wagenhofer（2005）发现，严格的会计准则虽然可以降低公司可操控应计盈余管理，提高盈余信息质量，但也会激励公司采取实际业务活动盈余管理。Cohen、Dey和Lys（2008），Bartov和Cohen（2009）发现，在可操控应计盈余管理与实际业务活动盈余管理之间，萨班斯法案实施前，公司更多依赖可操控应计盈余管理，而萨班斯法案实施后，公司转为更多地操纵实际业务活动。Cohen和Zarowin（2010）证明，可操控应计盈余管理的能力及成本影响公司在可操控应计盈余管理与实际业务活动盈余管理间的权衡，可操控应计盈余管理成本高或可操控应计盈余管理能力低的公司，更可能选择实际业务活动盈余管理。Zang（2012）证明，公司基于可操控应计盈余管理与实际业务活动盈余管理的相对成本权衡两种盈余管理策略，在会计期间内，公司会基于实际业务活动盈余管理成本及预期的可操控应计盈余管理成本决定实际业务活动盈余管理水平；在会计期末，公司会基于已实现的实际业务活动盈余管理，调整可操控应计盈余管理。

2.3 盈余管理竞争理论

在上述契约角度盈余管理研究的基础上，部分研究提出，公司为了应对竞争压力而通过盈余管理影响投资者估值及契约结果。

根据传统的经济学、金融学观点，竞争在多方面体现出积极效用。竞争通过减少腐败等渠道而增加社会福利（Ades and Di Tella，1999）；竞争通过提高产品质量、促进产品定价效率及激励创新投入等途径提高产品市场效率（Spence，1975；Bresnahan and Reiss，1991；Blundell，Griffith and Reenen，1999；Syverson，2004；Aghion，Bloom，Blundell，Griffith and Howitt，2005）；特别地，在所有权与控制权分离的现代企业制度下，竞争作为外部公司治理机制，是内部公司治理机制的有益补充，有助于提高公司治理效率（Hart，1983；Jensen，1986；Schmidt，1997；Shleifer and Vishny，1997）。

然而，越来越多的研究注意到竞争的消极影响。竞争主体应对竞争的策略会直接影响竞争效果，在竞争主体采取不道德行为应对竞争的条件下，竞争可能带来消极影响。Cummins 和 Nyman（2005），Becker 和 Milbourn（2011），Bolton、Freixas 和 Shapiro（2012），Bennett、Pierce、Snyder 和 Toffel（2013）等证明，当公司预期竞争对手通过牺牲服务质量获得竞争优势时，公司也会在服务质量方面妥协，竞争会导致服务质量下降。Charness、Masclet 和 Villeval（2014）证明，即使不会直接影响个人利益，排名竞争仍然会激励个人采取阻碍他人效率及美化个人效率等不道德行为。

关于竞争的盈余管理效应，Shleifer（2004）提出，竞争是导致公司采取包括盈余管理在内一系列不道德行为的原因。股价高估公司面临维持高估值的压力，成熟公司面临被接管的压力，年轻的高科技公司甚至面临继续生存的压力，等等，这些竞争压力均可能迫使公司操纵盈余。Bhojraj 和 Libby（2005）通过实验研究证明，在控制委托代理问题及其他竞争压力的条件下，即将到来的融资活动会增加公司面临的竞争压力，进而，公司会选择有利于短期盈余但并不利于长期现金流的短视策略。Cai 和 Liu（2009）证明，产品市场竞争会激励公司盈余管理，处于竞争激烈行业的公司会通过避税策略增加盈余，特别地，处于行业内竞争劣势的公司更可能采取避税策略。Chu、Du 和 Jiang（2011）证明，我国 ST 公司面临较高的退市压力，为了降低退市风险，ST 公司会影响审计师独立性并采取盈余管理策略。Lin、Officer 和 Zhan（2014）证明，进口税率降低会导致公司面临更多外国公司的竞争，公司盈余管理随着进口税率的下降而提高，尤其是处于竞争激烈行业的公司、面临融资约束的公司及外部监管较弱的公司。Lee 和 Liu（2014）发现，放松行业管制会增加行业竞争，进而激励公司盈余管理，也增加了公司的诉讼风险。

可见，已有研究从道德维度提出，竞争具有激励公司盈余管理的负效应。然而，盈余管理是有成本的，公司会权衡成本和收益，进而制定应对竞争的盈余管理策略，竞争对盈余管理的影响是效率问题。

2.4 融资公司盈余管理研究

首次公开募股是公司重要的资本市场活动，首发前后公司的盈余管理行为受到广泛关注。大部分研究证明，首发公司存在盈余管理。Aharony、Lin 和 Loeb（1993）提出，首发公司与投资者间信息不对称水平较高导致公司有机会操纵盈余，且公司基于会计信息会影响首发价格的预期会有动机盈余管理。Aharony、Lin 和 Loeb（1993）最早发现了首发公司操纵盈余的微弱证据。Friedlan（1994）在控制首发公司规模影响的条件下，找到了足够的证据支持首发公司存在盈余管理。我国首发公司也存在盈余管理。Aharony、Lee 和 Wong（2000），林舒和魏明海（2000）分析我国首发公司上市前后的业绩波动发现，我国首发公司在首发前两年业绩最高，首发公司上市后业绩显著下降。然而，部分研究发现，首发公司并未显著操纵盈余。Ball 和 Shivakumar（2008）提出，与非上市公司相比，投资者对首发公司信息披露质量的要求较高，且首发公司受到审计师、分析师、媒体、法律监管者等更加严格的监督，因此，首发公司较少操纵盈余。Shivakumar（2008）针对英国首发公司研究发现，公司首发前的会计政策更稳健。徐浩萍和陈超（2009）证明，在我国发行制度改革后，只有规模较小、成长性较好或身处非保护性行业的首发公司会盈余管理，且投资者可以基于上述影响盈余管理动机的因素调整估值，首发公司一级市场发行价及二级市场均衡价均不会受到盈余管理的影响。可见，大部分研究认同首发公司会操纵盈余，也有学者质疑首发公司盈余管理的普遍性。

关于首发公司盈余管理动机，已有研究的主要观点为，首发公司盈余管理是一种意在提高首发收益的机会主义行为。Teoh、Wong 和 Rao（1998）证明，公司首发当年应计利润在首发后不能持续，首发当年的盈余管理与公司上市后的会计业绩负相关。Teoh、Welch 和 Wong（1998）证明，公司首发当年盈余管理误导了投资者估值，首发当年的盈余管理与公司上市后市场业绩负相关。DuCharme、Malatesta 和 Sefcik（2001）证明，公司首发前盈余管理可以提高发行收益，且首发前的盈余管理与公司上市后市场业绩负相关，其主要关注公司首发前的盈余管理效应，而 Teoh、Welch 和 Wong（1998）关注公司首发当年的盈余管理效应，两者的研究发现互为有益补充。然而，公司首发前盈余管理与上市后市场业绩的负相关关系可能是由其他影响投资者估值的风险因子所致。因此，

DuCharme、Malatesta 和 Sefcik（2004）进一步分析了公司首发前盈余管理与其诉讼风险的相关关系，如果盈余管理确实为机会主义行为，首发前的盈余管理越严重，公司面临的诉讼风险越高。研究发现，与未遭到诉讼的首发公司相比，事后遭到诉讼的首发公司盈余管理较严重，且上市后的业绩较差。Darrough 和 Rangan（2005）发现，首发过程中转让股权的内部人有较强的动机提高发行价，因此，内部人减持股份的公司在首发前会减少研发支出并向上操纵盈余。Morsfield 和 Tan（2006），Katz（2009），Chahine、Arthurs、Filatotchev 和 Hoskisson（2012）等证明，风险投资基金、私募股权基金等专业的机构投资者具有较强的监管能力，会约束首发公司机会主义地盈余管理，因此，机构投资者持股的首发公司上市后的长期业绩较好。

与盈余管理的机会主义观点不同，Stein（1989）、Shivakumar（2000）等强调，公司融资前的盈余管理是应对投资者预期的博弈策略。盈余管理的机会主义观点假设，投资者基于会计信息预测未来盈余，并不识别会计信息中的操纵部分，因此，公司通过盈余管理传递错误信号。然而，Stein（1989）认为，投资者完全被公司短视策略误导的假设违背市场有效性假说，且是不合适的。基于投资者理性的有效市场假说，短视行为是陷入"囚徒困境"的公司应对投资者预期的博弈策略。投资者可以预期公司会采取短视策略，而公司不能证明自己不存在短视行为，因此，在均衡条件下，投资者的占优策略是基于对公司短视行为的预期而对公司打折，公司的占优策略是基于投资者预期采取相应的短视行为。Shivakumar（2000）提出，已有关于融资公司盈余管理的研究较少关注投资者反应，投资者可以预期再融资公司存在盈余管理，在此条件下，再融资公司仍然会盈余管理，公司盈余管理的动机不是机会主义地误导投资者估值，而是为了弥补投资者预期带来的逆向选择成本。

除了公司应对投资者博弈的盈余管理策略，Fan（2007），Chen、Lin、Chang 和 Lin（2013）等发现了首发公司间相互博弈的盈余管理策略。内部投资者较外部投资者具有信息优势，且拥有较多会计政策选择权，因此，内部投资者可以利用应计利润传递更加可靠的业绩私有信息。已有研究通过分析应计利润对投资者估值的影响（Guay，Kothari and Watts，1996；Subramanyam，1996等）及应计利润对未来现金流的预测作用（Altamuro，Beatty and Weber，2005；Badertscher，Collins and Lys，2012等）证明，盈余管理是公司传递信号的手段。在此基础上，Fan（2007）证明，首发公司会通过盈余管理传递业绩信号，以应对其他首发公司的竞争。在信息不对称的条件下，低业绩公司有动机通过盈余管理冒充高业绩公司，高业绩公司为了应对低业绩公司的模仿而盈余管理。因此，首发公司间相互博弈的均衡状态是，公司基于私有信息制定各自的盈余管理策略，实际盈余越高的公司，通过盈余管理披露越高的报告盈余。Chen、Lin W、Chang 和 Lin C（2013）证明，在信息不确定性较高的条件下，首发公司盈余管理的主要动机是机会主义地误导投资者估值；然而，在信息不确定性较低的条件下，公司利用盈余管理传递信号的收益较大，因此，信息不确定性较低的首发公司盈余管理更可能是出于揭示私有信息的考虑。

可见，大部分研究认为首发公司存在盈余管理，然而，已有研究对首发公司是否普遍存在盈余管理尚未达成统一意见。关于首发公司盈余管理动机，大部分研究假设投资者并不能识别首发公司的盈余管理策略，将盈余管理视为首发公司误导投资者估值以提高发行收益的机会主义手段。随着对首发市场中各交易主体间博弈关系的深入研究，Stein（1989）、Shivakumar（2000）、Fan（2007）等认为投资者可以预期公司存在盈余管理，盈余管理是融资公司基于其与投资者或其他融资公司博弈的应对策略。

2.5　融资公司达标盈余管理

与美国等资本市场相比，中国资本市场的重要特征之一为政府的严格监管，业绩门槛法规即为政府控制首发市场供给的主要手段。鉴于业绩门槛法规以会计信息为基础，大量研究证明业绩门槛会激励公司为了达标而盈余管理。阎达五、耿建新和刘文鹏（2001）发现，上市公司的业绩分布在再融资门槛附近是不连续的，业绩分布于业绩门槛以上一个小区间内的公司数量较多。陈小悦、肖星和过晓艳（2000）证明，为了保留配股资格，业绩分布于配股业绩门槛附近的上市公司会通过操纵应计利润进行盈余管理。Yu、Du 和 Sun（2006）证明，上市公司业绩分布的不连续区间随着业绩门槛变迁而变化，表明公司基于业绩门槛变迁调整盈余管理水平。Szczesny 和 Huang（2008）证明，存在达标困难的公司会通过可操控应计利润管理盈余及实际业务活动盈余管理满足业绩门槛要求。可见，已有研究主要关注业绩分布于门槛附近的，有机会通过盈余管理提高达标可能性的公司，分析此类公司为了达标的盈余管理策略。

鉴于融资公司较明显的达标动机，已有研究发现，监管者及投资者等较少被公司出于达标动机的盈余管理所误导。Chen 和 Yuan（2004）证明，我国监管者可以在一定程度上识别公司为了达标的盈余管理，且监管者的识别能力逐年提高，盈余管理严重的公司越来越难以获得融资资格。Haw、Qi、Wu D 和 Wu W（2005）证明，除了监管者，投资者也可以识别公司针对业绩门槛的盈余管理策略，而且，投资者会基于此调整预期，投资者预期融资申请未获批准的公司存在盈余管理，进而较少基于报告进行盈余估值。

可见，已有关于业绩门槛条件下融资公司盈余管理的研究将目光锁定于业绩分布在门槛附近的公司，较少观察全部融资公司的盈余管理策略。特别地，Chen 和 Yuan（2004），Haw、Qi、Wu D 和 Wu W（2005）针对早期（1996年至1998年）再融资公司发现，监管者及投资者可以识别并约束公司为了达标的盈余管理，且监管者的约束作用不断提高。可见，随着监管者执法能力及投资者理性水平的提高，越来越少的首发公司会出于达标的目标而盈余管理。

3 业绩门槛与盈余管理的理论分析

3.1 制度背景

自我国证券市场成立以来，首发市场在首发公司数量及融资规模等方面经历了大幅扩张。在原有主板的基础上，证监会先后于2004年及2009年推出中小板及创业板，进一步完善了首发市场层次与结构，拓展了首发市场深度与广度。据普华永道公司统计，2010年我国首发市场规模较2009年翻两番，超过美国市场，成为全球最大的首发市场。

除了较快的增长速度及较大的规模，与美国等发达首发市场相比，我国首发市场的重要特征为严格的法规监控，具体地，证监会等监管部门控制着首发市场的供给与需求。在需求控制方面，由大陆公司发行的A股股票仅可由大陆投资者及极少数海外机构投资者购买及交易。通过对股票所有者类型的约束，证监会实际控制着首发市场的有效需求。

在供给控制方面，股票发行审批制阶段，股票发行数量及发行价格通常由行政决定而非由市场决定，证监会通过控制向各地方政府及中央主管部门下达发行指标控制首发市场供给。1999年《中华人民共和国证券法》的实施以及一系列法规的出台，股票发行核准制的基本框架逐渐构建，证监会于2001年3月正式取消审批制，实施核准制。股票发行核准制阶段，新股发行的市场化水平显著提高，然而，政府仍然通过业绩门槛制度控制首发市场供给。

业绩门槛约束进入首发市场的公司业绩，达到控制首发市场供给的作用。在2006年之前，根据1993年颁布的《股票发行与交易管理暂行条例》第九条的规定，申请首发的公司必须达到连续三年盈利的业绩门槛。2006年，证监会通过《首次公开发行股票并上市管理办法》（下称《管理办法》），进一步提高了业绩门槛。新业绩门槛要求，申请首发公司应当符合"最近3个会计年度净利润均为正数且累计超过人民币3 000万元"及"最近3个会计年度经营活动产生的现金流量净额累计超过人民币5 000万元；或者最近3个会计年度营业收入累计超过人民币3亿元"的业绩要求。此外，《管理办法》规定，"净利润以扣除非经常性损益前后较低者为计算依据"。

通过提高业绩门槛，证监会试图保证只有基本面较好的优质公司才能取得首发资格。特别地，《管理办法》不仅对首发公司利润提出最低要求，同时对首发公司经营活动产生的现金流量净额及营业收入提出最低要求。鉴于经营活动产生的现金流量净额较净利润难以被公司操纵，新业绩门槛的设置大大提高了限制基本面较差的低质量公司进入首发市场的可能性。

总之，我国监管部门对首发市场需求及供给的控制会外生地改变首发市场竞争。在我国宏观经济快速发展的条件下，证监会于2006年提高首发公司业绩门槛，以减少首发市场的供给，进而，缓解首发公司面临的竞争压力，试图减少首发公司恶性竞争行为。

3.2   业绩门槛与盈余管理

盈余管理是有成本的，因此，公司会权衡成本及收益制定盈余管理策略。无论在公司个体层面，还是在市场宏观层面，盈余管理均是有成本的。在公司个体层面，盈余管理会影响首发公司上市后的业绩表现。Teoh、Welch 和 Wong（1998），DuCharme、Malatesta 和 Sefcik（2001）证明，公司在首发前及首发当年的盈余管理会导致公司上市后市场业绩长期低迷。Teoh、Wong 和 Rao（1998）证明，首发公司通过操纵应计利润虚增的盈余难以在上市后维持，盈余管理越严重，首发公司上市后的会计业绩越差。Cohen 和 Zarowin（2010）证明，实际业务活动盈余管理会影响公司正常的经营活动，采取实际业务活动盈余管理的公司融资后业绩下降得更显著。特别地，过度向上盈余管理会导致投资者过分高估，根据 Jensen（2005）发现，高估企业存在严重的委托代理问题，为迎合投资者估值，公司不得不继续采取损害公司价值、有违股东利益的策略。盈余管理在公司个体层面的另一类成本是提高首发公司的法律风险。Chen 和 Yuan（2004），Haw、Qi、Wu D 和 Wu W（2005）证明，融资公司为了达到法规要求的盈余管理会降低其融资申请的成功率。更严重地，DuCharme、Malatesta 和 Sefcik（2004）证明，操纵盈余的首发公司上市后遭到诉讼的可能性较高。在市场宏观层面，盈余管理的主要成本是削弱首发市场的资源配置效率（Bar-Gill and Bebchuk，2003）。如果低质量公司通过盈余管理冒充高质量公司，且高质量公司未能及时与低质量公司区分，则高质量公司会被低质量公司挤出市场，首发市场不能将资源配置给资金使用效率较高的高质量公司，导致高质量公司投资不足。

随着业绩门槛的提高，首发公司面临的竞争压力得以缓解，其盈余管理收益降低。Shleifer（2004）证明，竞争压力会迫使公司盈余管理。对有限融资资源的竞争会导致首发公司面临较高的资本市场压力。如果较高的业绩门槛确实可以抑制业绩较差的低质量公司进入首发市场，随着业绩门槛的提高，留在首发市场中的首发公司的业绩较高，面临的竞争压力会得到缓解，应对竞争的盈余管理水平随之下降。

一方面，较高的业绩门槛提高了投资者对公司的估值，缓解了公司被投资者打折的压力，因此，公司通过盈余管理应对投资者博弈的收益下降。投资者对公司前景的判断对融资成本具有重要影响。随着业绩门槛的提高，投资者预期公司的质量较高，未来的风险较低，收益较高，因此，投资者愿意接受较高的首发价格，首发公司的融资成本较低。Aharony、Lin和Loeb（1993），Teoh、Wong和Rao（1998），Teoh、Welch和Wong（1998），DuCharme、Malatesta和Sefcik（2004）等证明，首发公司盈余管理的主要动机为误导投资者估值，进而提高融资收益。可见，随着业绩门槛的提高，投资者对公司估值的提高，首发公司引导投资者估值的盈余管理收益降低。此外，投资者并非完全不能预期首发公司的盈余管理，特别地，我国投资者对上市公司盈余操纵尤其敏感。我国资本市场起步较晚，且一直在不断地快速扩张，在这一过程中，公司各种不规范甚至是不合法的财务丑闻在所难免，在这种环境下，我国投资者对公司财务操纵较为敏感。与此同时，我国政府不断加强首发市场法规建设，促进投资者估值准确性的信息披露、盈余预测法规等日臻完善，分析师等金融中介机构的队伍逐渐壮大，为投资者预期盈余管理创造了条件。根据Shivakumar（2000），投资者基于对融资公司盈余管理的预期而打折，而公司难以向投资者传递其并未操纵盈余的信号，因此，投资者与公司陷入"囚徒困境"，公司占优策略为通过盈余管理弥补投资者逆向选择带来的成本。随着业绩门槛的提高，盈余管理动机较强的低质量首发公司被拦截在首发市场之外，投资者预期公司的盈余管理的平均水平减弱，因此，其对公司的打折减少，相应地，首发公司面临的投资者打折压力得以缓解，公司应对市场打折的盈余管理收益下降。

另一方面，随着业绩门槛的提高，首发市场中公司业绩差异缩小，因此，公司通过盈余管理相互区分的收益会降低。Fan（2007）证明，盈余管理是首发公司传递业绩信号的有效手段。首发市场的信息不对称水平较高，投资者难以识别首发公司的质量。首发公司中业绩较差的低质量公司有较强的动机通过盈余管理模仿高质量公司，进而影响投资者估值。在此条件下，如果首发公司中的业绩较好者未盈余管理或者未采取足够高的盈余管理与低质量冒充者相区分，则可能丧失在首发市场中的竞争优势。因此，在均衡的条件下，首发公司基于自身质量的私有信息及其他公司的竞争选择可以相互区分的盈余管理水平。在较高业绩门槛时期，如果业绩较低的首发公司被拦截在市场之外，留在首发市场中的公司质量普遍提高，低质量公司模仿高质量公司的收益降低，同时，高质量公司与低质量公司区分的收益也会降低。

总之，首发公司面临的首发市场压力体现于首发公司与投资者之间的博弈及首发公司间的博弈。随着业绩门槛的提高，首发公司应对投资者及其他公司的盈余管理收益降低。在盈余管理会为公司带来成本的条件下，首发公司盈余管理动机会随着业绩门槛的提高而减弱。

基于此，提出本书的研究假设1：

H1：随着业绩门槛的提高，首发公司盈余管理减弱。

值得注意的是，上述研究假设是可拒绝的。较高的业绩门槛也可能激励公司更显著地盈余管理。陈小悦、肖星和过晓艳（2000），阎达五、耿建新和刘文鹏（2001），Chen和Yuan（2004），Haw、Qi、Wu D和Wu W（2005），Yu、Du和Sun（2006）证明，我国再融资公司为了达到以会计信息为基础的业绩门槛而盈余管理。因此，随着业绩门槛的提高，为了满足更高的业绩要求，首发公司可能更显著地向上操纵盈余。然而，Chen和Yuan（2004），Haw、Qi，Wu D和Wu W（2005）以早期的再融资数据（1996年至1998年）证明，证监会等监管机构注意到公司以达标为目的的盈余管理，并可以在一定程度上限制通过盈余管理达标的公司进入首发市场。重要的是，Chen和Yuan（2004）发现，监管机构对盈余管理的识别能力逐年提高。因此，本书预期，业绩门槛提高对首发公司以达标为目的的盈余管理的激励作用较弱。

3.3　首发决策市场化与业绩门槛条件下的盈余管理

正如3.2节所论证的，较高的业绩门槛将低质量公司拦截在首发市场之外，进而减弱了留在首发市场中高质量公司采取盈余管理等恶性竞争策略的激励。可见，首发公司业绩门槛制度通过调节首发市场的供给，借助市场机制影响公司盈余管理策略。然而，考虑到我国采取渐进式改革策略，不同公司首发决策的市场化水平存在较大差异。首发决策的市场化水平越低，公司应对竞争的动机越弱，且公司应对竞争的非市场化手段较多，业绩门槛变迁对首发公司盈余管理的影响将变弱。

首发决策的市场化程度存在地区差异。一方面，在市场化进程落后的地区，公司的非市场化竞争手段较多，通过盈余管理应对竞争压力的动机较弱，因此，业绩门槛变迁对首发公司盈余管理的影响较弱。我国幅员辽阔，且政府采取渐进式的改革策略，各地区在经济发展水平、政府干预、金融及法制环境建设等方面存在较大差异。与长三角、北京、广东等经济发达地区相比，中西部及东北地区的市场化进程远远落后，政企分离度较低，政府参与首发决策的机会较多。不仅如此，由于市场化进程缓慢地区的经济发展通常较差，首发公司能否成功上市对地区经济发展具有重要影响，当地政府十分关注公司首发成功的"政绩"效应，参与公司首发决策的动机较强。章铁生、徐德信和余浩（2012）证明，地方政府会积极协助辖内公司降低财务困境风险。可见，在市场化进程落后地区，政府对首发公司决策的干预较多，首发公司可能因此而获得更多的非市场化竞争手段，其通过盈余管理应对竞争压力的动机减弱。首发公司有动机应对竞争是业绩门槛变迁影响首发公司盈余管理的基础，因此，业绩门槛变迁对市场化水平较低地区首发公司盈余管理水平的影响有限。

另一方面，在市场化进程缓慢的地区，首发公司盈余管理所受的监管较弱，盈余管理成本较低，首发公司盈余管理水平受业绩门槛变迁的影响较弱。首发公司通常聘请本地中介机构提供服务，市场化水平较低地区的金融中介发展缓慢，会计师事务所、投资银行等金融中介机构的数量较少，执业能力不高。因此，市场化水平较低地区首发公司盈余管理受到的专业审查较弱。即使首发公司聘请外地高质量中介机构提供服务，根据 Butler（2008），地理距离会降低中介机构的服务质量，因此，高质量的外地中介机构对市场化程度较低地区首发公司的审查力度也不高。此外，市场化进程缓慢地区的法治建设通常较不健全，监管机构、投资者、供应商等利益相关者对首发公司盈余管理的监督意识较弱，这些也会限制金融中介机构的专业执业水平。可见，与市场化水平较高地区的首发公司相比，市场化水平较低地区首发公司的盈余管理成本较低。随着业绩门槛的提高，首发公司面临的竞争压力得以缓解，虽然公司通过盈余管理应对竞争的收益降低，但考虑到市场化水平较低地区公司盈余管理的成本较低，其盈余管理水平受业绩门槛变迁的影响较弱。

基于此，提出并论证本书的研究假设2：

H2：与市场化水平较高地区首发公司相比，业绩门槛提高对市场化水平较低地区首发公司盈余管理的影响较弱。

除了地区差异外，国有公司与非国有公司首发决策的市场化程度也存在差异。与非国有首发公司相比，国有首发公司首发竞争的市场化程度较低，业绩门槛变迁对其盈余管理策略的影响较弱。我国首发市场的重要组成部分为国有公司，我国资本市场设立之初的重要行政任务为促进国有公司股权的多元化（Aharony, Lee and Wong, 2000; Brandt and Li, 2003; Chen H, Chen J, Lobo and Wang, 2010; Chen H, Chen J, Lobo and Wang, 2011），因此，国有公司天然地会在资本市场竞争中处于优势地位。此外，大部分国有公司管理者不拥有或拥有较少的首发公司股权，而且，国有公司管理者主要为行政任命，其任命主要受到是否完成私有化行政目标的影响（Fan, Wong and Zhang, 2007），因此，国有公司首发经济效应对管理者利益影响较弱，管理者追求首发经济利益的动机不强。可见，在盈余管理成本不受公司国有属性影响的条件下，与非国有首发公司相比，国有首发公司通过盈余管理进一步获取竞争优势的动机较弱。因此，业绩门槛变迁对国有公司盈余管理的影响较弱。

基于此，提出并论证本书的研究假设3：

H3：与非国有首发公司相比，业绩门槛提高对国有首发公司盈余管理的影响较弱。

非国有首发公司并不具备国有首发公司般先天的竞争优势，然而，我国政府广泛参与资本市场，因此，部分非国有首发公司仍然会获得较多政府支持而具备竞争优势，这会削弱业绩门槛变迁对非国有首发公司盈余管理的影响。Mansfield和Switzer（1984）、González、Jaumandreu和Pazó（2005）证明，政府支持可以协助公司提高投资效率。Lerner（1999），Colombo、Grilli和Murtinu（2011）则发现，政府支持作为权威部门对公司或投资项目的认可，具有积极的信号作用。Chen、Lee和Li（2008）发现，公司凭借政府补助提高获得融资资格的可能性。可见，获得政府支持较多的非国有公司具有了一定竞争优势，利用盈余管理应对竞争的动机较弱，业绩门槛变迁对获得政府支持较多的非国有首发公司盈余管理的影响较弱。

基于此，提出并论证本书的研究假设4：

H4：与获得较少政府支持的非国有首发公司相比，业绩门槛提高对获得较多政府支持的非国有首发公司盈余管理的影响较弱。

3.4 业绩门槛与首发溢价

业绩门槛变迁不仅影响首发公司的盈余管理策略，还会影响首发公司支付的首发溢价。

随着业绩门槛的提高，首发市场信息不对称水平下降，首发公司支付的首发溢价减少。信息不对称是影响首发溢价的首要因素（Ljungqvist，2007）。在信息不对称的条件下，非信息交易者所交易的股票总是被信息交易者挑剩下的低质量股票，因此，首发公司通过降低首发价格补偿处于信息劣势的非信息交易者的交易损失（Rock，1986）。同时，鉴于承销商掌握市场估值的私有信息，首发公司以溢价的形式向承销商让渡利益，以交换承销商掌握的私有信息（Baron，1982）。此外，首发溢价也是首发公司对信息交易者挖掘信息成本的补偿（Benvenist and Spint，1989）。更重要的是，首发公司可以通过高溢价传递自身价值较优的信号，只有高质量公司才愿意负担较高的溢价成本（Allen and Faulhabe，1989；Welch，1989；Grinblatt and Hwang，1989）。随着业绩门槛的提高，首发公司的盈余管理减弱，财务报告的信息透明度提高。而且，随着业绩门槛的提高，低质量公司难以进入首发市场，留在首发市场中的公司均为业绩较好的公司，首发公司间的业绩差异缩小。因此，信息交易者与非信息交易者间的信息不对称水平降低，非信息交易者因处于信息劣势而承担的交易损失降低，其要求的信息不对称补偿减少；同时，信息交易者挖掘信息的收益减少，导致其信息挖掘动机减弱，因此，信息交易者要求补偿的信息挖掘成本减少。可见，随着业绩门槛的提高，首发公司需要支付的首发溢价降低。

然而，随着业绩门槛的提高，公司面临的竞争压力减弱，且首发市场的供给减少，这些可能导致首发溢价提高。一方面，随着业绩门槛的提高，只有业绩较高的优质公司才能进入首发市场，投资者对留在首发市场中的公司估值较高，公司提高首发价格的动机相应减弱。Kim 和 Park（2005）证明，盈余管理水平体现了首发公司提高发行价动机的强弱，盈余管理水平越高，公司提高发行价的意愿越强烈，首发溢价越低。随着业绩门槛的提高，首发公司盈余管理的水平降低，可见，公司提高首发价格的动机减弱。另一方面，证监会等监管机构对首发市场供给的控制也会对首发溢价产生重要影响（Tian，2011）。随着业绩门槛的提高，首发市场中公司数量减少，即首发市场的供给减少。在投资者需求不变的条件下，市场均衡价格会随之提高。与二级市场相比，一级市场特殊的定价机制及投资者类型均会削弱供求关系对其均衡价格的影响。随着首发市场供给的减少，一级市场及二级市场的均衡价格都会提高，且二级市场价格提高得更显著。因此，体现二级市场与一级市场定价差异的首发溢价会随着首发市场供给的减少而提高。可见，在较高业绩门槛时期，首发公司提高首发价格的动机较弱，同时，首发市场的供给减少，会在一定程度提高首发溢价。

上述分析表明，业绩门槛提高对首发溢价的影响是实证问题。基于此，提出本书的研究假设5：

H5.1：随着业绩门槛的提高，首发溢价降低；

H5.2：随着业绩门槛的提高，首发溢价提高。

3.5　业绩门槛与上市后市场业绩

首发公司上市后长期市场弱势（Underperformance）一直是理论界关注的焦点。随着业绩门槛变迁，首发公司的盈余管理策略会发生变化，同时，首发市场的资源配置效率也有所变化。因此，业绩门槛提高可能对首发公司上市后市场业绩产生不同方向的影响。

一方面，随着业绩门槛的提高，首发公司盈余管理减弱，会缓解首发公司上市后市场业绩的下降。Ritter（1991）、Loughran 和 Ritter（1995）、Purnanandam 和 Swaminathan（2004）等均强调，为提高融资收益，首发公司会抓住投资者高估公司价值的时机上市，随着投资者估值的调整，首发公司上市后市场业绩逐渐下降。Teoh、Welch 和 Wong（1998）证明，盈余管理是公司误导投资者估值的重要手段，首发公司盈余管理越严重，投资者估值调整幅度越大，首发公司上市后的市场业绩越差。基于此，随着业绩门槛的提高，如果首发公司的盈余管理水平下降，首发公司上市后市场表现将不那么差。

另一方面，随着业绩门槛的提高，首发市场资源配置效率提高，更多投资项目得以实现，首发公司风险下降，会导致市场业绩下降。Carlson、Fisher 和 Giammarino（2006），Lyandres、Sun 和 Zhang（2008），Chemmanur、He 和 Nandy（2010）等应用期权理论解释了公司融资后业绩下降的原因。公司通常为了满足成长需求而融资，成长期权随着融资资金投入而逐渐转化为资产，而资产风险要远低于成长期权，因此，公司风险逐渐下降，资本成本随之降低。在较高业绩门槛时期，留在首发市场的公司质量较高，且较少操纵盈余，因此，首发市场的配置效率会显著提高，资金可以配置给利用效率较高的优质公司。可见，随着业绩门槛的提高，更多净现值为正的投资项目得以实施，首发公司风险下降得更显著，市场业绩下降得也会更显著。

上述分析表明，业绩门槛提高对首发公司上市后市场业绩的影响是实证问题。基于此，提出本书的研究假设 6：

H6.1：随着业绩门槛的提高，首发公司上市后市场业绩下降得较少；

H6.2：随着业绩门槛的提高，首发公司上市后市场业绩下降得较多。

3.6 业绩门槛与上市后会计业绩

部分研究质疑业绩门槛的有效性，其中，吴文锋、胡戈游、吴冲锋和芮萌（2005）提出，业绩门槛以历史业绩为基础，可以筛选出"历史"绩优公司，但未必能筛选出"未来"绩优的公司。

已有研究证明，首发公司上市前较好的会计业绩难以在上市后维持。为了提高融资收益，首发公司会基于私有信息选择会计业绩较高的时机上市（Jain and Kini，1994）。盈余管理是首发公司掌握的私有信息之一。Teoh、Wong 和 Rao（1998），Aharony、Lee 和 Wong（2000）发现，公司通过盈余管理提高的业绩在上市后难以维持，首发公司盈余管理与上市后的会计业绩负相关。鉴于较高的业绩门槛会抑制首发公司盈余管理，虽然业绩门槛以历史业绩为基础，但仍然对未来业绩具有筛选作用。

基于此，提出本书的研究假设 7：

H7：随着业绩门槛的提高，首发公司上市后会计业绩提高。

4 业绩门槛与盈余管理的实证分析

4.1 样本选取及变量定义

4.1.1 样本选取及样本特征的描述性统计分析

为基于我国业绩门槛制度分析公司应对竞争压力的盈余管理策略，本书以2002年至2012年在沪深两市主板、中小板上市的非金融、非保险类首发公司为研究样本。本书的研究样本之所以不包括创业板首发公司是因为，针对创业板首发公司的业绩门槛法规与针对主板、中小板首发公司的业绩门槛法规存在显著差异[①]。本书样本区间开始于2002年，正如前文制度背景部分介绍的，2001年3月起，我国股票发行正式实施核准制，业绩门槛法规成为证监会控制首发市场供给的主要手段。此外，证监会2013年暂停了新股发行，本书样本区间终止于2012年。

研究样本的具体筛选过程为：2002年至2012年在主板、中小板上市的首发公司1 049家；剔除通过定向配售、战略配售、比例换股及历史遗留问题上市等非正常发行方式的首发公司33家；鉴于金融、保险类公司所遵循的会计准则及采取的盈余管理策略不同于其他行业的公司，剔除金融类、保险类首发公司18家；剔除缺失必要研究数据的首发公司13家。最终，本书的有效样本为首发公司985家。

研究样本的年度分布请详见表4-1 Panel A。结果显示，首发活动在各年度的分布并不平均，2005年的首发公司数量较少（14家），仅占样本总数的1.42%，这是因为，出于为即将到来的股权分置改革让路的考虑，证监会于2004年9月起暂停受理首发申请，资本市场在2005年5月至2006年6月期间暂停首发功能；在2007年、2010年、2011年，首发活动较为频繁，各年首发公司数量均超过样本

[①] 根据2009年颁布的《首次公开发行股票并在创业板上市管理暂行办法》第十条，申请首次公开发行股票并在创业板上市的公司应当符合"最近两年连续盈利，最近两年净利润累计不少于一千万元，且持续增长；或者最近一年盈利，且净利润不少于五百万元，最近一年营业收入不少于五千万元，最近两年营业收入增长率均不低于百分之三十"，且"最近一期末净资产不少于两千万元，且不存在未弥补亏损"。

总数的10%。这一结果表明，业绩门槛提高后，首发市场中公司数量较多，看似
与本书关于我国政府通过提高业绩门槛约束首发市场供给的论证相悖。然而，相
比于我国高速的经济发展水平，首发市场的扩张速度远远落后。表4-1 Panel B
显示，业绩门槛提高前，年均首发公司数量为60家，业绩门槛提高后，年均首
发公司数量为107家，增长率为78.33%。同期资本市场交易规模的增长速度更
甚，业绩门槛提高前，主板及中小板公司年成交额的平均值为3.27万亿元，业绩
门槛提高后，主板及中小板公司年成交额的平均值为36.49万亿元，增幅高达
1 015.90%；与此同时，我国宏观经济也经历了可观的增长，年均国内生产总值
由业绩门槛提高前的15.02万亿元增长至业绩门槛提高后的36.16万亿元，增幅
140.75%。结果表明，在宏观经济、资本市场经历飞速发展的条件下，证监会等
监管部门利用业绩门槛约束首发市场规模，相对于同期资本市场的扩张幅度及宏
观经济的增长速度，首发市场的供给并未增加，反而减少。表4-1 Panel C列示
了样本的行业分布。行业分类根据2001年中国证监会公布的《上市公司行业分
类指引》确定。结果显示，制造业首发公司数量最多，占样本总数的70.36%，
房地产业、传播与文化产业及综合类首发公司数量较少，三个行业首发公司数量
合计不足样本总数的3%。考虑到各行业样本公司数量存在较大差异，本书分析
会注意控制行业影响。

表4-1　　　　　　　　　　　**样本分布**

Panel A：样本年度分布

年度	样本量	占比（%）
低业绩门槛		
2002	63	6.40
2003	64	6.50
2004	97	9.85
2005	14	1.42
	238	24.16
高业绩门槛		
2006	67	6.80
2007	103	10.46
2008	70	7.11
2009	73	7.41
2010	218	22.13
2011	145	14.72
2012	71	7.21
	747	75.84
合计	985	100.00

Panel B：首发市场的相对发展

年度	首发数量	主板及中小板 年成交额（万亿元）	国内生产总值 （万亿元）
低业绩门槛			
2002	63	2.71	12.03
2003	64	3.12	13.58
2004	97	4.15	15.99
2005	14	3.11	18.49
均值	60	3.27	15.02
高业绩门槛			
2006	67	8.87	21.63
2007	103	45.41	26.58
2008	70	26.54	31.40
2009	73	53.00	34.09
2010	218	52.68	40.15
2011	145	40.01	47.31
2012	71	28.93	51.95
均值	107	36.49	36.16
增长率	78.33%	1 015.90%	140.75%

Panel C：样本的行业分布

行业	数量	占比（%）
农、林、牧、渔业	21	2.13
采掘业	31	3.15
制造业	693	70.36
电力、煤气及水的生产和供应业	18	1.83
建筑业	35	3.55
交通运输、仓储业	29	2.94
信息技术业	77	7.82
批发和零售贸易	34	3.45
房地产业	14	1.42
社会服务业	21	2.13
传播与文化产业	8	0.81
综合类	4	0.41
合计	985	100.00

注：本表格列示样本分布信息。本书样本为2002—2012年在主板、中小板上市的非金融、非保险类首发公司985家，其中，较低业绩门槛时期首发公司238家，较高业绩门槛时期首发公司747家。Panel A列示样本的年度分布；Panel B列示首发市场相对于资本市场及宏观经济的发展水平；Panel C列示样本的行业分布。

表4-2列示了首发公司及首发的特征。表4-2显示全样本首发前最后一期期末总资产及净资产标准差较大，分别为250.74亿元、162.66亿元，表明首发公司规模的差异较大；在业绩门槛提高前，首发公司总资产及净资产平均值分别为12.72亿元、5.75亿元，而业绩门槛提高后首发公司规模较大，总资产及净资产平均值高达29.58亿元、13.29亿元，为业绩门槛提高前首发公司规模的两倍以上，表明规模大的公司更可能满足较高的业绩门槛要求。表4-2显示，较低业绩门槛时期公司的平均首发价为7.81元，平均融资净额为4.24亿元，随着业绩门槛的提高，首发公司平均发行价及融资净额均有所增长，较高业绩门槛时期公司的平均首发价为19.88元，平均融资净额为11.94亿元。该结果符合随着业绩门槛提高，首发公司面对的竞争压力得以缓解，公司融资能力有所提高的论证。

表 4-2　　　　　　　　　　首发公司及首发的描述性统计分析

项目	总资产 （亿元）	净资产 （亿元）	发行价 （元）	融资净额 （亿元）
全样本				
样本量	985	985	985	985
均值	25.51	11.47	16.96	10.08
中位数	4.44	1.98	13.48	4.76
标准差	250.74	162.66	12.70	36.45
低业绩门槛				
样本量	238	238	238	238
均值	12.72	5.75	7.81	4.24
中位数	3.26	1.45	7.00	2.87
标准差	76.27	38.49	3.61	7.82
高业绩门槛				
样本量	747	747	747	747
均值	29.58	13.29	19.88	11.94
中位数	4.95	2.14	17.07	5.81
标准差	284.63	185.51	13.17	41.46

注：表4-2列示不同业绩门槛时期首发公司的公司特征及发行特征。总资产、净资产等首发公司信息根据公司首发前最后一期期末数据计算；融资净额为剔除融资费用后的净额。

　　本书认为，业绩门槛的提高可以抑制首发公司盈余管理是因为，较高的业绩门槛可以约束低质量公司进入首发市场。随着业绩门槛的提高，如果业绩较差的低质量公司难以进入首发市场，则首发公司面临的投资者打折及公司间竞争的竞争压力减弱。因此，为了证明较高的业绩门槛确实可以抑制更多低业绩公司进入首发市场，本书比较分析了业绩门槛提高前后首发公司的业绩。如果业绩门槛是有效的，较高业绩门槛时期首发公司平均业绩较高。

　　具体比较结果请详见表4-3。其中，AdjROA表示行业调整的总资产收益率，为首发公司总资产收益率（ROA）减去同期、同行业非首发公司ROA中位数。考虑到首发公司存在盈余管理，且利润较现金流更容易被操纵，除了总资产收益率，本书还比较了业绩门槛提高前后首发公司经营活动产生的现金流量净额的差异。AdjCFO表示经行业调整的经营活动产生的现金流量净额（总资产标准化），为首发公司经营活动产生现金流量净额减去同期、同行业非首发公司经营活动产生的现金流量净额的中位数。

表4-3　　　　　　　　　业绩门槛与首发公司业绩的描述性统计分析

项目	样本量	均值	t值	中位数	Z值	标准差
AdjROA						
全样本	985	0.0935	27.48***	0.0709	25.34***	0.1067
低业绩门槛	238	0.0752	16.41***	0.0600	12.48***	0.0707
高业绩门槛	747	0.0993	23.53***	0.0767	22.06***	0.1153
差异		−0.0241	−3.86***	−0.0167	−2.11***	
AdjCFO						
全样本	985	0.0618	16.01***	0.0469	13.76***	0.1213
低业绩门槛	238	−0.0144	−2.58**	−0.0525	−4.39***	0.0858
高业绩门槛	747	0.0861	19.47***	0.0785	16.86***	0.1209
差异		−0.1005	−14.14***	−0.1310	−13.29***	

　　注：表4-3列示不同业绩门槛时期首发公司业绩。其中，AdjROA表示首发公司经行业调整的总资产收益率，AdjCFO表示首发公司经行业调整的经营活动产生的现金流量净额（总资产标准化）。根据单一样本T检验判断均值是否显著区别于0；根据Wilcoxon符号秩检验判断中位数是否显著区别于0；根据独立样本T检验判断均值组间差异是否显著；根据Wilcoxon秩和检验判断中位数组间差异是否显著，下同；***、**、*分别表示1%、5%、10%的显著性水平，下同。

　　表4-3显示，随着业绩门槛的提高，首发公司AdjROA的均值及中位数均显

著提高，业绩门槛提高前 AdjROA 的均值为 0.0752，业绩门槛提高后 AdjROA 的均值为 0.0993，业绩门槛提高前后 AdjROA 均值差异为-0.0241，在 1% 水平显著小于 0（t=-3.86）；较低业绩门槛时期首发公司经营活动产生的现金流量净额并不比非首发公司高，AdjCFO 的均值为-0.0144，在 5% 水平显著小于 0（t=-2.58），而较高业绩门槛时期首发公司经营活动产生的现金流量净额高于非首发公司，AdjCFO 的均值为 0.0861，在 1% 水平显著大于 0（t=19.47）。不仅在统计意义上，业绩门槛提高前后首发公司经营活动产生的现金流量净额差异在经济意义方面同样十分显著。随着业绩门槛的提高，首发公司 AdjCFO 的均值提高水平为 0.1005，而中位数提高水平更是高达 0.1310。表 4-3 列示的结果表明，随着业绩门槛的提高，留在首发市场中的公司质量显著提高。前文表 4-1 Panel B 表明，随着业绩门槛的提高，相对于资本市场的扩张幅度及宏观经济的增长速度，首发市场的供给减少。可见，随着业绩门槛的提高，低质量公司再难以进入首发市场，留在市场中的公司数量减少，因此，首发公司所面临的竞争压力得以缓解。

4.1.2　变量定义

正如前文总结的，盈余管理的手段主要包括可操控应计盈余管理及实际业务活动盈余管理。Teoh、Wong 和 Rao（1998），Teoh、Welch 和 Wong（1998），DuCharme、Malatesta 和 Sefcik（2001）等证明，首发公司通过可操控应计进行盈余管理。基于此，本书估计了首发公司上市前两年可操控应计盈余管理水平。具体地，应用 Dechow、Sloan 和 Sweeney（1995）提出的修正 Jones 模型估计可操控应计。首先，以同年度、同行业上市一年以上且最近三年内未再融资的公司估计模型（1）的参数 k_1、k_2、k_3。

$$TACC_t/TA_{t-1}=k_1 \times 1/TA_{t-1}+k_2 \times \Delta Sales_t/TA_{t-1}+k_3 \times PPE_t/TA_{t-1}+\varepsilon \qquad (1)$$

其中，TACC 表示总应计利润，TACC=NI-CFO，NI 表示净利润，CFO 表示经营活动产生的现金流量净额；TA 表示总资产；Sales 表示营业收入；ΔSales 表示营业收入变动额；PPE 表示固定资产净额。

根据模型（2）计算样本公司可操控应计。

$$DA_t=TACC_t/TA_{t-1}-[\hat{k}_1 \times 1/TA_{t-1}+\hat{k}_2 \times (\Delta Sales_t-\Delta AR_t)/TA_{t-1}+\hat{k}_3 \times PPE_t/TA_{t-1}] \qquad (2)$$

其中，DA 表示可操控应计；AR 表示应收账款，ΔAR 表示应收账款的变动额；$\hat{k}_1$、$\hat{k}_2$、$\hat{k}_3$ 为模型（1）中 k_1、k_2、k_3 的估计值。

Kothari、Leone 和 Wasley（2005）证明，业绩会影响估计的可操控应计。业绩门槛法规变迁前后，首发公司业绩存在差异，因此，根据 Kothari、Leone 和 Wasley（2005），本书按照 ROA 相近原则选择样本公司的配对公司。具体地，在上市一年以上且最近两年内未通过增发、配股再融资的上市公司中，选择与样本公司同期、同行业且 ROA 最接近的公司为配对样本，以样本公司与配对公司 DA 的差额表示首发公司的可操控应计盈余管理。

除可操控应计盈余管理外，融资公司也可以通过实际业务活动操纵盈余（Cohen and Zarowin，2010）。与可操控应计盈余管理相比，实际业务活动盈余管理具有难以监管等优势，然而，实际业务活动盈余管理的成本通常高于可操控应计盈余管理，因此，公司会在两种盈余管理方式中权衡（Cohen and Zarowin，2010；Zang，2012），法规变迁会影响公司采取的主要盈余管理方式（Ewert and Wagenhofer，2005；Cohen，Dey and Lys，2008）。为了全面地分析业绩门槛法规变迁对首发公司盈余管理策略的影响，本书还分析了首发公司实际业务活动盈余管理。

具体地，根据 Roychowdhury（2006），本书通过估计异常现金流（R_CFO）、异常生产成本（R_PROD）及异常费用（R_DISX）三个变量，分析公司促进销售提高营业收入、降低产品生产成本、降低销售费用及管理费用等实际业务活动盈余管理。

根据 Roychowdhury（2006），本书将期望的经营活动产生的现金流量净额表示为模型（3），以同年度、同行业上市一年以上且最近三年内未再融资的公司估计模型（3）的参数 l_1、l_2、l_3。

$$CFO_t/TA_{t-1}=l_1 \times 1/TA_{t-1}+l_2 \times Sales_t/TA_{t-1}+l_3 \times \Delta Sales_t/TA_{t-1}+\varepsilon \tag{3}$$

考虑到公司向上操纵盈余越严重，模型（3）的残差越小，本书根据模型（4）计算异常现金流。

$$R\_CFO_t=(\hat{l}_1 \times 1/TA_{t-1}+\hat{l}_2 \times Sales_t/TA_{t-1}+\hat{l}_3 \times \Delta Sales_t/TA_{t-1})-CFO_t/TA_{t-1} \tag{4}$$

其中，R_CFO 表示异常现金流；$\hat{l}_1$、$\hat{l}_2$、$\hat{l}_3$ 为模型（3）中 l_1、l_2、l_3 的估计值。

根据 Roychowdhury（2006），本书将期望的生产成本表示为模型（5），以同年度、同行业上市一年以上且最近三年内未再融资的公司估计模型（5）的参数 m_1、m_2、m_3、m_4。

$$PROD_t/TA_{t-1}=m_1 \times 1/TA_{t-1}+m_2 \times Sales_t/TA_{t-1}+m_3 \times \Delta Sales_t/TA_{t-1}+m_4 \times \Delta Sales_{t-1}/TA_{t-1}+\varepsilon \tag{5}$$

其中，PROD 表示生产成本，PROD=COGS+ΔINT，COGS 表示营业成本，ΔINT 表示存货变动水平。

根据模型（6）计算异常生产成本。

$$R\_PROD_t=PROD_t/TA_{t-1}-(\hat{m}_1 \times 1/TA_{t-1}+\hat{m}_2 \times Sales_t/TA_{t-1}+\hat{m}_3 \times \Delta Sales_t/TA_{t-1}+\hat{m}_4 \times \Delta Sales_{t-1}/TA_{t-1}) \tag{6}$$

其中，R_PROD 表示异常生产成本；$\hat{m}_1$、$\hat{m}_2$、$\hat{m}_3$、$\hat{m}_4$ 为模型（5）中 m_1、m_2、m_3、m_4 的估计值。

根据 Roychowdhury（2006），本书将期望的期间费用表示为模型（7），以同年度、同行业上市一年以上且最近三年内未再融资的公司估计模型（7）的参数 n_1、n_2。

$$DISX_t/TA_{t-1}=n_1\times1/TA_{t-1}+n_2\times Sales_t/TA_{t-1}+\varepsilon \tag{7}$$

其中，DISX 为销售费用与管理费用之和。考虑到公司向上操纵盈余越严重，模型（7）的残差项越小，根据模型（8）计算异常费用。

$$R\_DISX_t=（\hat{n}_1\times1/TA_{t-1}+\hat{n}_2\times Sales_t/TA_{t-1}）-DISX_t/TA_{t-1} \tag{8}$$

其中，R_DISX 表示异常费用；$\hat{n}_1$、$\hat{n}_2$ 为模型（7）中 n_1、n_2 的估计值。

考虑到业绩门槛法规变迁前后，首发公司业绩存在差异，且 Cohen、Pandit、Wasley 和 Zach（2011）证明，业绩配对方法可以提高传统实际业务活动盈余管理估计模型的效率，因此，本书按照 ROA 相近原则选择样本公司的配对公司，以样本公司与配对公司 R_CFO、R_PROD、R_DISX 的差额表示首发公司实际业务活动盈余管理。

为了全面估计首发公司采取的实际业务活动盈余管理，根据 Cohen 和 Zarowin（2010），本书构建以下两个变量 RM1、RM2 估计公司总的实际业务活动盈余管理水平。

RM1=R_CFO+R_DISX

RM2=R_PROD+R_DISX

4.2　盈余管理分析

4.2.1　业绩门槛与盈余管理

本书主要的研究问题即业绩门槛变迁对首发公司盈余管理的影响。关于业绩门槛提高前后首发公司盈余管理的描述性统计分析请详见表4-4。其中，DA、R_CFO、R_PROD、R_DISX、RM1、RM2均为公司首发前两年相关估计值的均值。

表4-4　　　　　　　　　　盈余管理的描述性统计分析

项目	样本量	均值	t 值	中位数	Z 值	标准差
DA						
全样本	985	0.0056	1.64	0.0078	2.01***	0.1067
低业绩门槛	238	0.0421	6.29***	0.0502	6.29***	0.1032
高业绩门槛	747	−0.0061	−1.57	−0.0055	−1.56	0.1053
差异		0.0482	6.24***	0.0557	6.69***	
R_CFO						
全样本	985	0.0041	1.08	0.0057	1.26	0.1197
低业绩门槛	238	0.0478	6.67***	0.0474	6.33***	0.1105
高业绩门槛	747	−0.0098	−2.24**	−0.0120	−2.25**	0.1192
差异		0.0576	6.86***	0.0594	6.75***	

续表

项目	样本量	均值	t值	中位数	Z值	标准差
R_PROD						
全样本	961	−0.0259	−3.18***	−0.0112	−1.82***	0.2529
低业绩门槛	215	−0.0098	−0.59	0.0043	0.23	0.2458
高业绩门槛	746	−0.0306	−3.28***	−0.0185	−2.12**	0.2549
差异		0.0208	1.08	0.0228	1.19	
R_DISX						
全样本	985	0.0435	11.33***	0.0418	11.83***	0.1207
低业绩门槛	238	0.0468	6.26***	0.0472	6.53***	0.1153
高业绩门槛	747	0.0425	9.49***	0.0410	9.92***	0.1224
差异		0.0043	0.49	0.0062	0.17	
RM1						
全样本	985	0.0476	7.99***	0.0444	8.26***	0.1873
低业绩门槛	238	0.0946	8.54***	0.1005	7.84***	0.1708
高业绩门槛	747	0.0327	4.71***	0.0322	5.04***	0.1900
差异		0.0619	4.73***	0.0683	4.39***	
RM2						
全样本	961	0.0173	1.60	0.0279	2.90***	0.3346
低业绩门槛	215	0.0354	1.63	0.0428	2.47**	0.3187
高业绩门槛	746	0.0121	0.98	0.0226	2.03**	0.3391
差异		0.0233	0.93	0.0202	0.90	

注：表4-4列示不同业绩门槛时期首发公司可操控应计盈余管理及实际业务活动盈余管理。其中，DA、R_CFO、R_PROD、R_DISX为根据模型（2）、模型（4）、模型（6）、模型（8）估计的可操控应计盈余管理、异常现金流、异常生产成本、异常期间费用；RM1为合计实际业务活动盈余管理，为R_CFO与R_DISX之和；RM2为按照另一方法估计的合计实际业务活动盈余管理，为R_PROD与R_DISX之和。用以估计R_PROD的$\Delta Sales_{t-1}$需根据观测期前第二期期末的利润表数据，本书样本中24家首发公司缺失该利润表数据，因此，缺少24个R_PROD的观测值。而RM2是基于R_PROD计算得到的，因此，缺少24个RM2的观测值。

根据模型（2）估计的DA请详见表4-4。结果显示，在较低业绩门槛时期，

DA 的均值为 0.0421，在 1% 水平显著大于 0（t=6.29），DA 的中位数高达 0.0502，在 1% 水平显著大于 0（Z=6.29）。本书分析发现，较低业绩门槛时期公司首发前两年平均 ROA 的均值（中位数）仅为 0.1216（0.1087），可见，可操控应计盈余管理贡献了低业绩门槛时期首发公司净利润的 34.62%（0.0421÷0.1216×100%）。在较高业绩门槛时期，DA 的均值为 −0.0061，不显著地区别于 0（t=−1.57），DA 的中位数 −0.0055，不显著区别于 0（Z= −1.56）。较低业绩门槛时期与较高业绩门槛时期 DA 的均值差异为 0.0482，在 1% 水平显著大于 0（t=6.24），中位数差异为 0.0557，同样在 1% 水平显著大于 0（Z=6.69）。结果表明，在业绩门槛提高前，首发公司通过可操控应计盈余管理大肆提高业绩，业绩门槛提高后，首发公司操纵应计的机会主义行为显著收敛。

根据模型（6）估计的 R_PROD 请详见表 4-4。结果显示，在较低业绩门槛时期，R_PROD 的均值为 −0.0098，不显著区别于 0（t=−0.59），中位数为 0.0043，不显著区别于 0（Z=0.23）。结果表明，在业绩门槛提高前，首发公司未通过过度生产降低生产成本而提高利润，也未通过销售折扣等手段促进销售。在较高业绩门槛时期，R_PROD 的均值为 −0.0306，在 1% 水平显著小于 0（t=−3.28），中位数为 −0.0185，在 5% 水平显著小于 0（Z=−2.12），看似表明业绩门槛提高后首发公司向下操纵盈余。然而，进一步分析发现，较低业绩门槛时期与较高业绩门槛时期 R_PROD 的均值差异为 0.0208，不显著区别于 0（t=1.08），中位数差异为 0.0228，同样不显著区别于 0（Z=1.19），表明业绩门槛提高前后首发公司影响生产成本的盈余管理不存在显著差异。过度生产及利用销售折扣促销等手段在提高利润的同时，会导致公司投入的增加，降低现金等资产，因此，其并不适合正面临融资需求的首发公司。

根据模型（8）估计的 R_DISX 请详见表 4-4。结果显示，在业绩门槛提高前，R_DISX 的均值为 0.0468，在 1% 水平显著大于 0（t=6.26），中位数为 0.0472，在 1% 水平显著大于 0（Z=6.53）；业绩门槛提高后，R_DISX 的均值为 0.0425，在 1% 水平显著大于 0（t=9.49），中位数为 0.0410，在 1% 水平显著大于 0（Z=9.92）；业绩门槛提高前后，R_DISX 的均值及中位数并不存在显著差异。结果表明，无论业绩门槛是否提高，首发公司均会普遍采取节约费用的方法提高利润。不难理解，无论业绩门槛提高前后，为了即将到来的首发活动，公司均有较强的动机节约日常费用支出。

根据模型（4）估计的 R_CFO 请详见表 4-4。结果显示，在较低业绩门槛时期，首发公司 R_CFO 的均值为 0.0478，在 1% 水平显著大于 0（t=6.67），中位数为 0.0474，同样在 1% 水平显著大于 0（Z=6.33）。根据 Roychowdhury（2006），可能导致现金流减少（R_CFO 增加）的实际业务活动盈余管理包括：过度生产降低成本、销售折扣促进销售及现金折扣促进销售等。鉴于过度生产及销售折扣促进销售等会导致异常生产成本，而表4-4表明了R_PROD不显著区别于0的证据。可见，在较低业绩门槛时期，首发公司主要通过现金折扣积极促进销售的手段提高利润。在较高业绩门槛时期，首发公司R_CFO的均值为-0.0098，在5%水平显著小于0（t=-2.24），中位数为-0.0120，在5%水平显著小于0（Z=-2.25）。根据Roychowdhury（2006），可能导致现金流增加（R_CFO减少）的实际业务活动盈余管理为通过节约费用增加利润。表4-4显示，R_DISX的均值及中位数在1%水平显著大于0。可见，在较高业绩门槛时期，首发公司会通过节约费用增加利润。

总之，表4-4表明，业绩门槛提高前，首发公司通过节约费用或现金折扣促进销售等手段提高利润；业绩门槛提高后，首发公司通过节约费用提高利润。

表4-4显示，在较低业绩门槛时期，R_CFO与R_DISX之和RM1的均值为0.0946，在1%水平显著大于0（t=8.54），中位数为0.1005，在1%水平显著大于0（Z=7.84）；在较高业绩门槛时期，RM1的均值为0.0327，在1%水平显著大于0（t=4.71），中位数为0.0322，在1%水平显著大于0（Z=5.04）。结果表明，首发公司普遍采取增加RM1的实际业务活动盈余管理。此外，随着业绩门槛的提高，RM1的均值及中位数显著下降，业绩门槛提高前与业绩门槛提高后RM1的均值差异为0.0619，在1%水平显著大于0（t=4.73），中位数差异为0.0683，在1%水平显著大于0（Z=4.39）。结果表明，随着业绩门槛的提高，首发公司增加RM1的实际业务活动盈余管理减少。

表4-4显示，在较低业绩门槛时期，R_PROD与R_DISX之和RM2的均值为0.0354，不显著区别于0（t=1.63），中位数为0.0428，在5%水平显著大于0（Z=2.47）；在较高业绩门槛时期，RM2的均值为0.0121，不显著区别于0（t=0.98），中位数为0.0226，在5%水平显著大于0（Z=2.03）。结果表明，没有足够的证据支持首发公司普遍采取增加RM2的实际业务活动盈余管理。业绩门槛提高前与业绩门槛提高后RM2均值差异为0.0233，不显著区别于0（t=0.93），中位数差异为0.0202，不显著区别于0（Z=0.90），表明没有足够的证据支持业绩门槛提高影响首发公司RM2的实际业务活动盈余管理。

RM1、RM2同样表示首发公司盈余管理累计水平，但针对RM1、RM2的分析结果存在较大差异。根据R_CFO、R_PROD、R_DISX的内涵及RM1、RM2的计算方法，与RM1相比，RM2不能体现公司通过现金折扣促进销售的盈余管理。本书对R_CFO、R_PROD、R_DISX的分析表明，在业绩门槛提高前，首发公司会利用现金折扣促进销售收入以提高盈余，可见，RM1可以更准确地体现本书样本公司所采取的实际业务活动盈余管理策略。基于此，下文主要以RM1表示公司的实际业务活动盈余管理。

为检验本书的研究假设1，随着业绩门槛的提高，首发公司盈余管理减少，本书估计以下回归模型：

$$EM=\alpha_0+\alpha_1\times Post+\alpha_2\times CapExp+\alpha_3\times Lev+\alpha_4\times Size+\alpha_5\times Big5+\alpha_6\times Industry+\varepsilon \qquad （9）$$

其中，被解释变量 EM 表示首发公司的盈余管理，具体地，分别以可操控应计盈余管理 DA 及实际业务活动盈余管理 RM1 作为上述回归模型的被解释变量。Post 表示业绩门槛法规变迁哑变量，如果公司在 2006 年业绩门槛法规提高之后首发，则 Post=1，否则，Post=0；CapExp 表示资本支出，为总资产标准化的资本支出；Lev 表示资产负债率，为总负债与总资产之比；Size 表示公司规模，为总资产的自然对数；Big5 为审计师声誉哑变量，如果首发公司聘请的审计师为安达信、安永、毕马威、德勤、普华永道五大会计师事务所之一，则 Big5=1，否则，Big5=0；Industry 为行业控制变量。鉴于本书的研究变量 Post 为时间变量，模型（9）并未控制年度效应。

本书主要关注模型（9）中 Post 的系数 α_1，如果首发公司盈余管理随着业绩门槛的提高而减弱，则 α_1 小于 0。本书控制其他影响首发公司盈余管理的因素，包括首发公司成长潜力、杠杆率、规模及招股说明书的审计质量，此外，本书同时以 Industry 控制盈余管理的行业效应。

以 DA 为模型（9）被解释变量的回归结果请详见表 4-5 第二列。结果显示，Post 的系数 α_1=-0.0386，在 1% 水平显著小于 0（t=-4.85）。结果表明，随着业绩门槛的提高，在控制其他影响因素的条件下，首发公司平均减少的可操控应计盈余管理所贡献的总资产收益率高达 3.86%。此外，Size 的系数 α_4=-0.0180，在 1% 水平显著小于 0（t=-4.52），表明规模较大公司信息不对称水平较低，公司较少操纵盈余管理。

以 RM1 为模型（9）被解释变量的回归结果请详见表 4-5 第三列，Post 的系数 α_1=-0.0303，在 5% 水平显著小于 0（t=-2.35）。结果表明，随着业绩门槛的提高，首发公司实际业务活动盈余管理水平显著下降。此外，Big5 的系数 α_5=0.0481，在 10% 水平显著大于 0（t=1.87）。与可操控应计盈余管理相比，实际业务活动盈余管理较难识别，聘请服务质量较高审计师的公司更可能通过实际业务活动盈余管理绕过审计师监管。

表 4-4、表 4-5 列示的结果，与本书的研究假设 1 一致，随着业绩门槛的提高，首发公司面临的竞争减弱，首发公司既减少可操控应计盈余管理，又减少了实际业务活动盈余管理。

表 4-5 第二列列示以 DA 为被解释变量的回归结果；表 4-5 第三列列示以 RM1 为被解释变量的回归结果。

为缓解异常值对参数估计的影响，本书对连续型变量在其分布的第 1 及 99 百分位外的观测值进行缩尾调整（Winsorize），下同；为控制异方差的影响，本书根据 White（1980）估计异方差调整 t 统计量，下同。

表4-5 盈余管理的回归分析

变量	DA		RM1	
	系数	t值	系数	t值
截距项	0.4362	5.29***	1.2101	8.70***
Post	−0.0386	−4.85***	−0.0303	−2.35**
CapExp	0.0078	0.22	0.0210	0.36
Lev	−0.0020	−0.09	−0.1246	−3.57***
Size	−0.0180	−4.52***	−0.0499	−7.54***
Big5	0.0090	0.61	0.0481	1.87*
Industry	控 制		控 制	
R^2	0.0904		0.1258	
F值	7.17		9.71	
样本量	985		985	

注：表4-5检验业绩门槛的提高对首发公司盈余管理的影响，具体列示下述模型的回归结果：

$$EM=\alpha_0+\alpha_1\times Post+\alpha_2\times CapExp+\alpha_3\times Lev+\alpha_4\times Size+\alpha_5\times Big5+\alpha_6\times Industry+\varepsilon$$

4.2.2 市场化进程地区差异

前文论证，首发决策的市场化水平会影响业绩门槛的盈余管理效应。我国幅员辽阔，各地区市场化进程存在较大差异，市场化水平较低地区首发公司盈余管理受业绩门槛变迁的影响较弱。考虑到公司制定首发决策至正式上市至少需经历两年时间，本书根据公司所处地区在首发前第二年的市场化指数估计首发公司所处地区的市场化水平。樊纲、王小鲁和朱恒鹏主编的《中国市场化指数：各地区市场化相对进程2011年报告》从不同方面对各省、自治区、直辖市的市场化进程进行了全面比较，使用基本相同的指标体系对各地区的市场化进程进行持续的测度，从而提供了一个反映市场化变革的稳定的观测框架。本书按照首发公司上市前第二年所处地区的市场化指数排名将首发公司分为低市场化地区首发公司及高市场化地区首发公司两类，其中，低市场化地区首发公司为所处地区市场化指数位列前五名之后的公司，高市场化地区首发公司为所处地区市场化指数位列前五名的公司。表4-6列示了业绩门槛变迁对市场化水平不同地区首发公司盈余管理的影响。

表4-6 地区市场化进程与盈余管理的描述性统计分析

项目	低市场化地区首发公司						高市场化地区首发公司					
	样本量	均值	t值	中位数	Z值	标准差	样本量	均值	t值	中位数	Z值	标准差
DA												
全样本	455	0.0133	2.80***	0.0107	2.59***	0.1015	530	-0.0011	-0.23	0.0046	0.40	0.1106
低业绩门槛	139	0.0383	4.60***	0.0516	4.74***	0.0984	99	0.0473	4.29***	0.0459	4.19***	0.1098
高业绩门槛	316	0.0023	0.40	-0.0052	-0.24	0.1011	431	-0.0122	-2.35**	-0.0055	-1.76*	0.1079
差异		0.0360	3.57***	0.0568	4.27***			0.0595	4.88***	0.0514	4.86***	
RM1												
全样本	455	0.0469	5.57***	0.0509	5.81***	0.1798	530	0.0483	5.74***	0.0420	5.84***	0.1938
低业绩门槛	139	0.0932	6.82***	0.1130	6.20***	0.1611	99	0.0965	5.21***	0.0784	4.77***	0.1843
高业绩门槛	316	0.0266	2.57**	0.0311	2.83***	0.1840	431	0.0372	3.98***	0.0322	4.19***	0.1944
差异		0.0666	3.88***	0.0819	3.71***			0.0593	2.86***	0.0462	2.51**	

注：表4-6列示市场化进程不同地区业绩门槛盈余管理效应的差异。其中，第二列列示业绩门槛提高对市场化水平较低地区首发公司盈余管理的影响；第三列列示业绩门槛提高对市场化水平较高地区首发公司盈余管理的影响。

表4-6显示，业绩门槛提高前后低市场化地区首发公司DA均值差异为0.0360，在1%水平显著大于0（t=3.57），中位数差异为0.0568，在1%水平显著大于0（Z=4.27）。业绩门槛提高前后高市场化地区首发公司DA均值差异为0.0595，在1%水平显著大于0（t=4.88），中位数差异为0.0514，在1%水平显著大于0（Z=4.86）。

表4-6显示，业绩门槛提高前后市场化水平较低地区首发公司RM1均值差异为0.0666，在1%水平显著大于0（t=3.88），中位数差异为0.0819，在1%水平显著大于0（Z=3.71）。业绩门槛提高前后市场化水平较高地区首发公司RM1均值差异为0.0593，在1%水平显著大于0（t=2.86），中位数差异为0.0462，在5%水平显著大于0（Z=2.51）。

为检验本书的研究假设2，与市场化水平较高地区首发公司相比，业绩门槛提高对市场化水平较低地区首发公司盈余管理的影响较弱，本书将模型（9）扩展如下：

$$EM=\beta_0+\beta_1\times Post+\beta_2\times Market+\beta_3\times Post\times Market+\beta_4\times CapExp+\beta_5\times Lev+\beta_6\times Size+\beta_7\times Big5+$$
$$\beta_8\times Industry+\varepsilon \tag{10}$$

其中，Market表示首发公司所处地区市场化水平的哑变量，如果首发公司上市前第二年所处地区在《中国市场化指数：各地区市场化相对进程2011年报告》排名中位列前五名，则为市场化水平较高地区的首发公司，Market=1，否则，Market=0。

本书主要关注模型（10）中Post×Market的系数β_3。模型（10）中Post的系数β_1表示业绩门槛提高对低市场化地区首发公司盈余管理的影响，Post×Market的系数β_3表示业绩门槛提高对低市场化地区首发公司盈余管理影响与对高市场化地区首发公司盈余管理影响的差异。前文证明，业绩门槛的提高对首发公司盈余管理具有抑制作用，如果业绩门槛的提高对高市场化地区首发公司盈余管理的抑制作用更显著，则Post×Market的系数β_3小于0。

以DA为模型（10）被解释变量的回归结果请详见表4-7第二列。结果显示，$\beta_1=-0.0254$，在5%水平显著小于0（t=-2.45），Post×Market的系数$\beta_3=-0.0261$，在10%水平显著小于0（t=-1.67）。结果表明，随着业绩门槛的提高，首发公司可操控应计盈余管理减弱，业绩门槛提高对高市场化地区首发公司可操控应计盈余管理的影响更显著。

以RM1为模型（10）被解释变量的回归结果请详见表4-7第三列。结果显示，Post的系数$\beta_1=-0.0334$，在10%水平显著小于0（t=-1.95），Post×Market的系数$\beta_3=0.0011$，不显著区别于0（t=0.04），表明没有证据支持地区市场化水平影响业绩门槛的实际业务活动盈余管理效应。

　　表4-6及表4-7列示的结果，与本书的研究假设2一致，与市场化水平较低地区首发公司相比，业绩门槛的提高对市场化水平较高地区首发公司可操控应计盈余管理的影响较显著。然而，业绩门槛变迁对市场化水平较低地区首发公司实际业务活动盈余管理的影响与对市场化水平较高地区首发公司实际业务活动盈余管理的影响不存在显著差异。这是因为，与可操控应计盈余管理相比，实际业务活动盈余管理对公司融资后业绩的消极影响更大，其成本高于可操控应计盈余管理（Cohen and Zarowin，2010）。在业绩门槛提高前，市场化水平较高地区首发公司更多地依赖可操控应计盈余管理应对较强的竞争压力，随着业绩门槛的提高，市场化水平较高地区首发公司选择首先减少过度利用的可操控应计盈余管理，业绩门槛变迁对可操控应计盈余管理的影响较显著。

表4-7　　　　　　　　　地区市场化进程与盈余管理的回归分析

变量	DA		RM1	
	系数	t值	系数	t值
截距项	0.4396	5.31***	1.1895	8.48***
Post	−0.0254	−2.45**	−0.0334	−1.95*
Market	0.0126	0.92	0.0136	0.61
Post×Market	−0.0261	−1.67*	0.0011	0.04
CapExp	0.0046	0.13	0.0232	0.39
Lev	−0.0030	−0.14	−0.1227	−3.50***
Size	−0.0185	−4.63***	−0.0490	−7.35***
Big5	0.0077	0.52	0.0450	1.73*
Industry	控制		控制	
R^2	0.0940		0.1272	
F值	6.46		8.62	
样本量	985		985	

　　注：表4-7检验首发公司所处地区市场化水平对业绩门槛盈余管理效应的影响，具体列示下述模型的回归结果：

$$EM=\beta_0+\beta_1\times Post+\beta_2\times Market+\beta_3\times Post\times Market+\beta_4\times CapExp+\beta_5\times Lev+\beta_6\times Size+\beta_7\times Big5+\beta_8\times Industry+\varepsilon$$

　　表4-7第二列列示以DA为被解释变量的回归结果；表4-7第三列列示以RM1为被解释变量的回归结果。

4.2.3　国有公司与非国有公司所有制差异

考虑到国有公司与非国有公司首发竞争的市场化程度存在差异，业绩门槛变迁对国有首发公司盈余管理的影响与对非国有首发公司盈余管理的影响不同。本书根据公司最终控制人属性将首发公司分为国有公司及非国有公司两类，最终控制人为政府机构或其他国有公司的公司为国有公司，其他为非国有公司。表4-8列示了业绩门槛提高对国有首发公司与非国有首发公司可操控应计盈余管理及实际业务活动盈余管理影响的差异。

表4-8显示，业绩门槛提高前后国有首发公司DA均值差异为0.0406，在1%水平显著大于0（t=3.42），中位数差异为0.0510，在1%水平显著大于0（Z=4.21）。业绩门槛提高前后非国有首发公司DA均值差异为0.0592，在1%水平显著大于0（t=4.91），中位数差异为0.0748，在1%水平显著大于0（Z=4.89）。结果表明，与国有首发公司相比，业绩门槛提高对非国有首发公司可操控应计盈余管理的抑制作用较显著。

表4-8显示，业绩门槛提高前后国有公司RM1均值差异为0.1009，在1%水平显著大于0（t=4.99），中位数差异为0.0910，在1%水平显著大于0（Z=4.82）。业绩门槛提高前后非国有首发公司RM1均值差异为0.0592，在1%水平显著大于0（t=2.81），中位数差异为0.0738，在1%水平显著大于0（Z=2.71）。结果表明，业绩门槛提高对国有公司实际业务活动盈余管理的影响较对非国有首发公司实际业务活动盈余管理的影响显著，看似与本书的研究假设3不一致。本书将控制其他因素影响，进一步分析业绩门槛变迁对国有首发公司及非国有首发公司实际业务活动影响的差异。

为检验本书的研究假设3，与非国有首发公司相比，业绩门槛提高对国有首发公司盈余管理的影响较弱，本书在模型（9）的基础上估计以下回归模型：

$$EM=\gamma_0+\gamma_1\times Post+\gamma_2\times SOE+\gamma_3\times Post\times SOE+\gamma_4\times CapExp+\gamma_5\times Lev+\gamma_6\times Size+\gamma_7\times Big5+\gamma_8\times Industry+\varepsilon$$

（11）

其中，SOE表示首发公司国有属性哑变量，如果首发公司最终控制人为政府机构或其他国有公司，则SOE=1，否则，SOE=0。

本书主要关注模型（11）中Post×SOE的系数γ_3。模型（11）中Post的系数γ_1表示业绩门槛提高对非国有首发公司盈余管理的影响，Post×SOE的系数γ_3表示业绩门槛提高对非国有首发公司盈余管理影响与对国有首发公司盈余管理影响的差异。前文证明，业绩门槛提高会抑制首发公司盈余管理，如果业绩门槛提高对国有首发公司盈余管理的抑制作用较对非国有首发公司盈余管理的抑制作用弱，则Post×SOE的系数γ_3大于0。

表4-8　　　　　　　所有制与盈余管理的描述性统计分析

项目	国有首发公司						非国有首发公司					
	样本量	均值	t值	中位数	Z值	标准差	样本量	均值	t值	中位数	Z值	标准差
DA												
全样本	291	0.0151	2.50*	0.0160	2.79***	0.1029	694	0.0015	0.38	0.0014	0.60	0.1081
低业绩门槛	146	0.0353	4.27***	0.0413	4.68***	0.0998	92	0.0529	4.70***	0.0708	4.40***	0.1079
高业绩门槛	145	-0.0053	-0.62	-0.0097	-0.98	0.1023	602	-0.0063	-1.45	-0.0040	-1.26	0.1061
差异		0.0406	3.42***	0.0510	4.21***			0.0592	4.91***	0.0748	4.89***	
RM1												
全样本	291	0.0392	3.73***	0.0322	4.32***	0.1795	694	0.0512	7.08***	0.0483	7.06***	0.1906
低业绩门槛	146	0.0895	6.77***	0.0863	6.32***	0.1597	92	0.1026	5.24***	0.1165	4.75***	0.1876
高业绩门槛	145	-0.0114	-0.75	-0.0047	-0.29	0.1845	602	0.0434	5.60***	0.0427	5.69***	0.1899
差异		0.1009	4.99***	0.0910	4.82***			0.0592	2.81***	0.0738	2.71***	

注：表4-8列示业绩门槛提高对国有首发公司及非国有首发公司盈余管理的影响。其中，第二列业绩门槛提高对国有首发公司盈余管理的影响；第三列列示业绩门槛提高对非国有首发公司盈余管理的影响。

以 DA 为模型（11）被解释变量的回归结果请详见表 4-9 第二列。结果显示，Post 的系数 γ_1=-0.0481，在 1% 水平显著小于 0（t= -3.85），Post×SOE 的系数 γ_3=0.0291，在 10% 水平显著大于 0（t= 1.73）。结果表明，随着业绩门槛的提高，首发公司可操控应计盈余管理减弱，业绩门槛提高对国有首发公司可操控应计盈余管理的影响较弱。

表4-9 所有制与盈余管理的回归分析

变量	DA		RM1	
	系数	t值	系数	t值
截距项	0.4769	5.57***	1.1372	7.77***
Post	−0.0481	−3.85***	−0.0262	−1.28
SOE	−0.0105	−0.75	−0.0016	−0.07
Post×SOE	0.0291	1.73*	−0.0305	−1.08
CapExp	0.0072	0.20	0.0206	0.35
Lev	−0.0028	−0.13	−0.1223	−3.49***
Size	−0.0197	−4.72***	−0.0462	−6.51***
Big5	0.0080	0.54	0.0482	1.87*
Industry	控制		控制	
R²	0.0942		0.1289	
F值	6.66		8.77	
样本量	985		985	

注：表4-9检验首发公司所有制对业绩门槛盈余管理效应的影响，具体列示下述模型的回归结果：

$$EM=\gamma_0+\gamma_1\times Post+\gamma_2\times SOE+\gamma_3\times Post\times SOE+\gamma_4\times CapExp+\gamma_5\times Lev+\gamma_6\times Size+\gamma_7\times Big5+\gamma_8\times Industry+\varepsilon$$

表4-9第二列列示以 DA 为被解释变量的回归结果；表4-9第三列列示以 RM1 为被解释变量的回归结果。

以 RM1 为模型（11）被解释变量的回归结果请详见表 4-9 第三列。结果显示，Post 的系数 γ_1=-0.0262，不显著区别于 0（t= -1.28），Post×SOE 的系数

γ_3=-0.0305，不显著区别于 0（t=-1.08）。结果表明，业绩门槛提高对国有公司、非国有公司实际业务活动盈余管理影响不存在显著差异。

表 4-8 及表 4-9 列示的结果，与研究假设 3 一致，与国有首发公司相比，业绩门槛提高对非国有首发公司可操控应计盈余管理的影响较显著。然而，业绩门槛提高对国有首发公司与对非国有首发公司实际业务活动盈余管理的影响不存在显著差异。由于可操控应计盈余管理的成本较低（Cohen and Zarowin，2010），在较低业绩门槛时期，非国有首发公司更多地依赖可操控应计盈余管理应对较强的竞争压力，因此，业绩门槛变迁对非国有首发公司可操控应计盈余管理的影响更显著。

4.2.4　非国有公司政府支持差异

与国有公司相比，非国有公司不具备特殊所有权所赋予的资本市场竞争优势，然而，在政府广泛参与资本市场的大背景下，大量非国有公司可以获得政府支持，此同样会削弱首发决策的市场化程度，影响业绩门槛的盈余管理效应。本书根据非国有公司首发前获得的政府补助为标准将非国有首发公司分为两组，并比较了业绩门槛变迁对两组公司盈余管理的影响，比较结果请详见表 4-10。其中，获得较多政府支持非国有首发公司为首发前两年所得政府补助超过所有非国有首发公司首发前两年所得政府补助中位数的公司，其他非国有公司为获得较少政府支持的非国有首发公司。

表 4-10 显示，业绩门槛提高前后获得较多政府补助的非国有首发公司 DA 均值差异为 0.0441，在 10% 水平显著大于 0（t=1.67），中位数差异为 0.0550，在 10% 水平显著大于 0（Z=1.77）。与获得较多政府支持非国有首发公司相比，业绩门槛提高前后获得较少政府支持非国有首发公司 DA 差异较显著，均值差异为 0.0642，在 1% 水平显著大于 0（t=5.03），中位数差异为 0.0779，在 1% 水平显著大于 0（Z=4.48）。

表 4-10 显示，随着业绩门槛的提高，获得较多政府支持非国有首发公司 RM1 的变迁并不显著，均值差异为 0.0208，不显著区别于 0（t=0.64），中位数差异为 0.0093，不显著区别于 0（Z=0.75）。然而，业绩门槛提高前后，获得较少政府支持非国有首发公司 RM1 均值差异为 0.0613，在 5% 水平显著大于 0（t=2.28），中位数差异为 0.0512，在 5% 水平显著大于 0（Z=2.02）。结果表明，业绩门槛提高前后获得较多政府补助的非国有首发公司实际业务活动盈余管理变化并不显著，业绩门槛变迁主要影响获得较少政府支持非国有首发公司首发前的实际业务活动盈余管理。

表4-10 非国有公司政府支持差异与盈余管理的描述性统计分析

项　目	获得较多政府支持非国有公司						获得较少政府支持非国有公司					
	样本量	均值	t值	中位数	Z值	标准差	样本量	均值	t值	中位数	Z值	标准差
DA												
全样本	347	-0.0059	-1.01	-0.0039	-0.94	0.1097	347	0.0091	1.59	0.0095	1.84**	0.1062
低业绩门槛	30	0.0344	1.33	0.0506	1.37	0.1414	62	0.0618	5.57***	0.0755	4.69***	0.0873
高业绩门槛	317	-0.0097	-1.64	-0.0044	-1.50	0.1057	285	-0.0024	-0.38	-0.0024	-0.21	0.1066
差异		0.0441	1.67*	0.0550	1.77*			0.0642	5.03***	0.0779	4.48***	
RM1												
全样本	347	0.0189	2.01**	0.0207	1.94*	0.1749	347	0.0836	7.78***	0.0923	7.61***	0.2001
低业绩门槛	30	0.0379	1.22	0.0299	1.35	0.1698	62	0.1339	5.57***	0.1346	4.68***	0.1891
高业绩门槛	317	0.0171	1.73*	0.0206	1.62	0.1756	285	0.0726	6.10***	0.0834	6.19***	0.2010
差异		0.0208	0.64	0.0093	0.75			0.0613	2.28**	0.0512	2.02**	

注：表4-10列示非国有首发公司获得政府支持对业绩门槛盈余管理效应的影响。其中，第二列列示了业绩门槛变迁对获得较多政府支持非国有首发公司盈余管理的影响；第三列列示了业绩门槛变迁对获得较少政府支持非国有首发公司盈余管理的影响。

为检验本书的研究假设4，与获得较少政府补助的非国有首发公司相比，业绩门槛提高对获得较多政府补助的非国有首发公司盈余管理的影响较弱，在模型（9）的基础上，本书应用非国有首发公司数据估计以下回归模型：

$$EM = \delta_0 + \delta_1 \times Post + \delta_2 \times Subsidy + \delta_3 \times Post \times Subsidy + \delta_4 \times CapExp + \delta_5 \times Lev + \delta_6 \times Size + \delta_7 \times Big5 +$$
$$\delta_8 \times Industry + \varepsilon \tag{12}$$

其中，Subsidy 表示非国有首发公司获得政府补助多少的哑变量，如果非国有首发公司所获政府补助超过全体非国有首发公司获得政府补助中位数，则 Subsidy=1，否则，Subsidy=0。

本书主要关注模型（12）中 Post×Subsidy 的系数 δ_3。模型（12）中 Post 的系数 δ_1 表示业绩门槛提高对获得政府补助较少的非国有首发公司盈余管理的影响，Post×Subsidy 的系数 δ_3 表示业绩门槛提高对获得政府补助较少的非国有首发公司盈余管理影响与对获得政府补助较多的非国有首发公司盈余管理影响的差异。前文证明，业绩门槛提高会抑制非国有首发公司盈余管理，如果业绩门槛提高对获得较多政府支持公司盈余管理的抑制作用较对获得较少政府支持非国有首发公司盈余管理的抑制作用弱，则 Post×Subsidy 的系数 δ_3 大于0。

以 DA 为模型（12）被解释变量的回归结果请详见表4-11第二列。结果显示，Post 的系数 $\delta_1 = -0.0534$，在1%水平显著小于0（t= -3.86），Post×Subsidy 的系数 $\delta_3 = 0.0375$，在10%水平显著大于0（t= 1.66）。结果表明，随着业绩门槛的提高，非国有首发公司可操控应计盈余管理减弱，业绩门槛提高对获得较多政府支持非国有首发公司可操控应计盈余管理的影响较弱。

以 RM1 为模型（12）被解释变量的回归结果请详见表4-11第三列。结果显示，Post×Subsidy 的系数 δ_3 不显著区别于0，表明业绩门槛变迁对获得较多政府支持非国有首发公司盈余管理与获得较少政府支持非国有首发公司实际业务活动盈余管理影响不存在显著差异。

表4-10及表4-11列示的结果，与研究假设4一致，与获得较多政府支持非国有首发公司相比，业绩门槛提高对获得较少政府支持非国有首发公司可操控应计盈余管理的影响较显著。然而，业绩门槛提高对获得较多政府支持非国有首发公司与对获得较少政府支持非国有首发公司实际业务活动盈余管理的影响不存在显著差异。由于可操控应计盈余管理的成本较低（Cohen and Zarowin，2010），在较低业绩门槛时期，获得较少政府支持非国有首发公司更多地依赖可操控应计盈余管理应对较强的竞争压力，因此，业绩门槛变迁对获得较少政府支持非国有首发公司可操控应计盈余管理的影响更显著。

总之，表4-6至表4-11的结果表明，首发决策的市场化水平影响业绩门槛的盈余管理效应。在首发决策市场化水平较低的条件下，业绩门槛变迁对首发公司盈余管理的影响较弱。

表 4-11   非国有公司政府支持差异与盈余管理的回归分析

变量	DA		RM1	
	系数	t值	系数	t值
截距项	0.4539	4.17***	1.0934	5.34***
Post	−0.0534	−3.86***	−0.0242	−0.93
Subsidy	−0.0322	−1.51	−0.0746	−1.86*
Post×Subsidy	0.0375	1.66*	0.0170	0.40
CapExp	−0.0008	−0.02	0.0100	0.15
Lev	0.0040	0.20	−0.1073	−2.82***
Size	−0.0176	−3.36***	−0.0408	−4.14***
Big5	0.0100	0.54	0.0471	1.34
Industry	控制		控制	
R^2	0.0952		0.1560	
F值	4.19		7.35	
样本量	694		694	

注：表4-11检验非国有首发公司获得政府支持对业绩门槛盈余管理效应的影响，具体列示下述模型的回归结果：

$$EM=\delta_0+\delta_1\times Post+\delta_2\times Subsidy+\delta_3\times Post\times Subsidy+\delta_4\times CapExp+\delta_5\times Lev+\delta_6\times Size+\delta_7\times Big5+$$
$$\delta_8\times Industry+\varepsilon$$

表4-11第二列列示以DA为被解释变量的回归结果；表4-11第三列列示以RM1为被解释变量的回归结果。

4.3　首发溢价分析

信息不对称是影响首发溢价的首要因素（Ljungqvist，2007）。本书认为，随着业绩门槛的提高，信息不对称水平降低，进而首发溢价降低；然而，随着业绩门槛的提高，首发公司提高首发价的动机减弱，且首发市场的供给减少，因此，首发溢价也可能随业绩门槛的提高而提高。可见，业绩门槛变迁对首发溢价的影响是一个实证问题。

关于业绩门槛与首发溢价的描述性统计分析请详见表4-12。其中，首发溢价为首发公司上市首日收盘价相对于首发价的增长率。结果显示，在业绩门槛提高前，首发溢价的均值为0.8485，在1%水平显著大于0（t=21.03），首发溢价的中位数为0.7428，在1%水平显著大于0（Z=13.36）；在业绩门槛提高后，首发溢价的均值为0.7247，在1%水平显著大于0（t=23.28），首发溢价的中位数为0.4357，在1%水平显著大于0（Z=22.34）。结果表明，无论业绩门槛是否提高，我国首发公司普遍以折价发行股票。业绩门槛提高前后首发溢价的均值差异为0.1238，在5%水平显著大于0（t=2.43），首发溢价的中位数差异为0.3071，在1%水平显著大于0（Z=5.50）。结果表明，随着业绩门槛的提高，信息不对称水平降低，首发公司支付的信息不对称成本减少，首发溢价显著下降，初步支持本书的研究假设5.1。

表4-12 **首发溢价的描述性统计分析**

项目	样本量	均值	t值	中位数	Z值	标准差
全样本	985	0.7546	29.49	0.5233	26.21	0.8032
低业绩门槛	238	0.8485	21.03***	0.7428	13.36***	0.6225
高业绩门槛	747	0.7247	23.28***	0.4357	22.34***	0.8509
差异		0.1238	2.43**	0.3071	5.50***	

注：表4-12列示不同业绩门槛时期首发溢价。其中，首发溢价为首发公司上市首日收盘价相对于首发价的增长率。

为检验研究假设5.1、研究假设5.2，本书估计以下回归模型：

$$Underpricing = \zeta_0 + \zeta_1 \times Post + \zeta_2 \times DA + \zeta_3 \times Post \times DA + \zeta_4 \times RM1 + \zeta_5 \times Post \times RM1 + \zeta_6 \times Number +$$
$$\zeta_7 \times PPE/TA + \zeta_8 \times Reputation + \zeta_9 \times PreCAR + \zeta_{10} \times Industry + \varepsilon \quad (13)$$

其中，Underpricing表示首发溢价，为首发公司上市首日收盘价相对于首发价的增长率；Post表示业绩门槛法规变迁的哑变量，如果公司在2006年业绩门槛法规提高之后首发，则Post=1，否则，Post=0；DA表示首发公司可操控应计盈余管理；RM1表示首发公司实际业务活动盈余管理；Number表示首发规模，为首发股份数的自然对数；PPE/TA表示公司信息不对称水平，为固定资产与总资产之比；Reputation为承销商声誉哑变量，如果承销商前一期所承销的首发公司数量超过样本中位数则为高声誉承销商，Reputation=1，否则，Reputation=0；PreCAR表示同期市场业绩，为首发公司所在分市场在上市前5个交易日的市场收益。

本书通过逐步回归的方法，分析业绩门槛变迁通过影响首发公司盈余管理，进而对首发溢价的影响。

以 Post 为主要关注变量（模型（13）右边不包括变量 DA、Post×DA、RM1、Post×RM1）的回归结果请详见表4-13第二列，结果显示，Post 的系数 $\zeta_1=-0.1647$，在1%水平显著小于0（t=-3.04），表明首发溢价随着业绩门槛的提高而降低。

以 Post、DA、Post×DA 为主要关注变量（模型（13）右边不包括变量 RM1、Post×RM1）的回归结果请详见表4-13第三列，结果显示，Post的系数 $\zeta_1=-0.1733$，在1%水平显著小于0（t=-3.13），Post×DA 的系数 $\zeta_3=0.8864$，在10%水平显著大于0（t=1.89）。结果表明，较高业绩门槛对首发溢价具有抑制作用，尤其对于可操控应计盈余管理较弱的公司。结果证明，随着业绩门槛的提高，首发公司可操控应计盈余管理减弱而导致信息不对称下降，是业绩门槛提高可以抑制首发溢价的原因。

以 Post、RM1、Post×RM1 为主要关注变量（模型（13）右边不包括变量 DA、Post×DA）的回归结果请详见表4-13第四列，结果显示，Post 的系数 $\zeta_1=-0.1548$，在1%水平显著小于0（t=-2.83），Post×RM1 的系数 $\zeta_5=-0.0415$，不显著区别于0（t=-0.17），表明首发公司减少实际业务活动盈余管理对业绩门槛抑制首发溢价效应的影响不显著。这是因为，与可操控应计盈余管理相比，实际业务活动盈余管理较难被投资者、承销商等识别，减少实际业务活动盈余管理不能在短时间内体现于首发定价中。

以 Post、DA、Post×DA、RM1、Post×RM1 为主要关注变量（模型（13）右边包括全部变量）的回归结果请详见表4-13第五列，结果显示，Post 的系数 $\zeta_1=-0.1489$，在1%水平显著小于0（t=-2.69），Post×DA 的系数 $\zeta_3=1.3521$，在5%水平显著大于0（t=2.23），Post×RM1 的系数 $\zeta_5=-0.4829$，不显著区别于0（t=-1.50）。结果表明，随着业绩门槛的提高，首发溢价降低，主要是因为业绩门槛抑制首发公司可操控应计盈余管理，而业绩门槛抑制首发公司实际业务活动盈余管理对首发溢价的影响较弱。

总之，表4-13列示的结果表明，与本书研究假设5.1一致，随着业绩门槛的提高，信息不对称水平下降对首发溢价的影响更显著，业绩门槛提高的净效应是首发溢价下降。

表4-13

首发溢价的回归分析

变量	系数	t值	系数	t值	系数	t值	系数	t值
截距项	1.9066	7.12***	1.8435	6.72***	1.8407	6.55***	1.8311	6.53***
Post	−0.1647	−3.04***	−0.1733	−3.13***	−0.1548	−2.83***	−0.1489	−2.69***
DA			−0.2432	−0.65			−0.5442	−1.12
Post×DA			0.8864	1.89*			1.3521	2.23***
RM1					0.1408	0.74	0.3229	1.24
Post×RM1					−0.0415	−0.17	−0.4829	−1.50
Number	−0.1336	−4.46***	−0.1271	−4.23***	−0.1285	−4.17***	−0.1274	−4.16***
PPE/TA	0.2468	1.88*	0.2326	1.77*	0.2547	1.92*	0.2256	1.71*
Reputation	−0.0340	−0.61	−0.0345	−0.62	−0.0370	−0.66	−0.0358	−0.64
PreCAR	3.7552	6.45***	3.7181	6.37***	3.7691	6.47***	3.6892	6.31***
Industry	控制		控制		控制		控制	
R²	0.0833		0.0887		0.0839		0.0901	
F值	7.40		6.78		6.54		6.19	
样本量	985		985		985		985	

注：表4-13检验业绩门槛变迁对首发溢价的影响，第一列具体列示下述模型的回归结果：

$Underpricing = \zeta_0 + \zeta_1 \times Post + \zeta_6 \times Number + \zeta_7 \times PPE/TA + \zeta_8 \times Reputation + \zeta_9 \times PreCAR + \zeta_{10} \times Industry + \varepsilon$

第三列具体列示下述模型的回归结果：

$Underpricing = \zeta_0 + \zeta_1 \times Post + \zeta_3 \times DA + \zeta_4 \times Post \times DA + \zeta_6 \times Number + \zeta_7 \times PPE/TA + \zeta_8 \times Reputation + \zeta_9 \times PreCAR + \zeta_{10} \times Industry + \varepsilon$

第四列具体列示下述模型的回归结果：

$Underpricing = \zeta_0 + \zeta_1 \times Post + \zeta_4 \times RM1 + \zeta_5 \times Post \times RM1 + \zeta_6 \times Number + \zeta_7 \times PPE/TA + \zeta_8 \times Reputation + \zeta_9 \times PreCAR + \zeta_{10} \times Industry + \varepsilon$

第五列具体列示下述模型的回归结果：

$Underpricing = \zeta_0 + \zeta_1 \times Post + \zeta_2 \times DA + \zeta_3 \times Post \times DA + \zeta_4 \times RM1 + \zeta_5 \times Post \times RM1 + \zeta_6 \times Number + \zeta_7 \times PPE/TA + \zeta_8 \times Reputation + \zeta_9 \times PreCAR + \zeta_{10} \times Industry + \varepsilon$

4.4 上市后市场业绩分析

随着业绩门槛的提高，首发公司盈余管理水平下降，投资者较少被误导，因此，公司上市后投资者估值调整幅度较小，市场业绩下降得较少；然而，在较高业绩门槛时期，首发市场资源配置效率较高，首发公司的更多优质投资项目得以实施，首发公司风险显著降低，此又会导致业绩门槛提高后首发公司市场业绩下降得较显著。可见，业绩门槛提高对首发公司上市后市场业绩的影响是一个实证问题。

表4-14列示了根据Kothari和Warner（1997）估计的首发公司上市后12个月、24个月、36个月的买入并持有收益（Buy-and-Hold Abnormal Returns，BHARs）。具体地，首先根据下述模型计算首发公司月度异常收益：

$AR_{it} = R_{it} - R_{mt}$

其中AR_{it}表示首发公司i第t个月的月度异常收益；R_{it}表示首发公司i第t个月的月度收益；R_{mt}表示首发公司所在分市场m第t个月的月度收益。

首发公司年度买入并持有收益BHAR为：

$BHAR = \prod(1 + AR_{it}) - 1$

表4-14第二行显示，在业绩门槛提高前，首发公司上市后12个月BHARs均值为-0.0427，在5%水平显著小于0（t=-2.06），中位数为-0.1321，在1%水平显著小于0（Z=-3.79）；在业绩门槛提高后，首发公司上市后12个月BHARs均值为-0.0795，在1%水平显著小于0（t=-6.38），中位数为-0.1332，在1%水平显著小于0（Z=-8.50）；业绩门槛提高前后首发公司上市后12个月BHARs均值差异为0.0368，不显著区别于0（t=1.52），中位数差异为0.0011，同样不显著区别于0（Z=1.32）。结果表明，无论业绩门槛提高前还是业绩门槛提高后，投资者均在首发公司上市后12个月内向下调整估值，业绩门槛变迁对投资者估值调整影响并不显著。

表4-14第三行显示，在业绩门槛提高前，首发公司上市后24个月BHARs均值为-0.0183，不显著区别于0（t=-0.59），中位数为-0.1670，在1%水平显著小于0（Z=-2.69）；在业绩门槛提高后，首发公司上市后24个月BHARs均值为-0.0016，不显著区别于0（t=-0.09），中位数为-0.1170，在1%水平显著小于0（Z=-4.28）；业绩门槛提高前后首发公司上市后24个月BHARs均值差异为-0.0167，不显著区别于0（t=-0.47），中位数差异为-0.0500，不显著区别于0（Z=-0.39）。结果表明，首发公司上市后24个月，投资者向下调整估值不再显著，业绩门槛变迁对投资者估值调整的影响并不显著。

表4-14第四行显示，在业绩门槛提高前，首发公司上市后36个月BHARs均

值为-0.0500，不显著区别于0（t=-1.19），中位数为-0.2418，在1%水平显著小于0（Z=-4.17）；在业绩门槛提高后，首发公司上市后36个月BHARs均值为0.0913，在1%水平显著大于0（t=3.85），中位数为-0.0909，不显著区别于0（Z=-0.28）；业绩门槛提高前后首发公司上市后36个月BHARs均值差异为-0.1413，在1%水平显著小于0（t=-2.93），中位数差异为-0.1509，在1%水平显著小于0（Z=-4.60）。结果表明，在首发公司上市后36个月，不同业绩门槛时期投资者估值调整的差异逐渐体现，较高业绩门槛对首发公司上市后市场业绩的净效应为缩小投资者估值调整幅度，缓解了首发公司市场业绩下降。该研究结果初步符合本书的研究假设6.1。

表4-14   上市后市场业绩的描述性统计分析

项目	样本量	均值	t值	中位数	Z值	标准差
12个月						
全样本	985	-0.0706	-6.59***	-0.1332	-9.26***	0.3360
低业绩门槛	238	-0.0427	-2.06**	-0.1321	-3.79***	0.3208
高业绩门槛	747	-0.0795	-6.38***	-0.1332	-8.50***	0.3404
差异		0.0368	1.52	0.0011	1.32	
24个月						
全样本	985	-0.0056	-0.36	-0.1280	-5.04***	0.4914
低业绩门槛	238	-0.0183	-0.59	-0.1670	-2.69***	0.4745
高业绩门槛	747	-0.0016	-0.09	-0.1170	-4.28***	0.4969
差异		-0.0167	-0.47	-0.0500	-0.39	
36个月						
全样本	918	0.0548	2.64***	-0.1271	-2.42**	0.6283
低业绩门槛	237	-0.0500	-1.19	-0.2418	-4.17***	0.6461
高业绩门槛	681	0.0913	3.85***	-0.0909	-0.28	0.6183
差异		-0.1413	-2.93***	-0.1509	-4.60***	

注：表4-14列示不同业绩门槛时期首发公司上市后12个月、24个月、36个月的买入并持有收益。首发公司上市后36个月的样本量仅为918，缺失上市后36个月市场业绩数据的首发公司为67家（985-918），其中，退市的首发公司1家，截至2014年9月1日，上市不足36个月的首发公司66家。

图 4-1 描述了首发公司上市后 36 个月内 BHARs 的逐月变化，其中，Panel A 为 BHARs 均值变化，Panel B 为 BHARs 中位数变化。结果显示，不同业绩门槛时期，首发公司上市后 24 个月内市场业绩不存在显著差异；在首发公司上市后 24 个月至 36 个月内，不同业绩门槛时期首发公司上市后市场业绩差异逐渐明显，与较低业绩门槛时期的首发公司相比，较高业绩门槛时期首发公司 BHARs 较高。结果表明，在首发公司上市后 24 个月至 36 个月，业绩门槛变迁对投资者估值调整的影响逐渐体现。

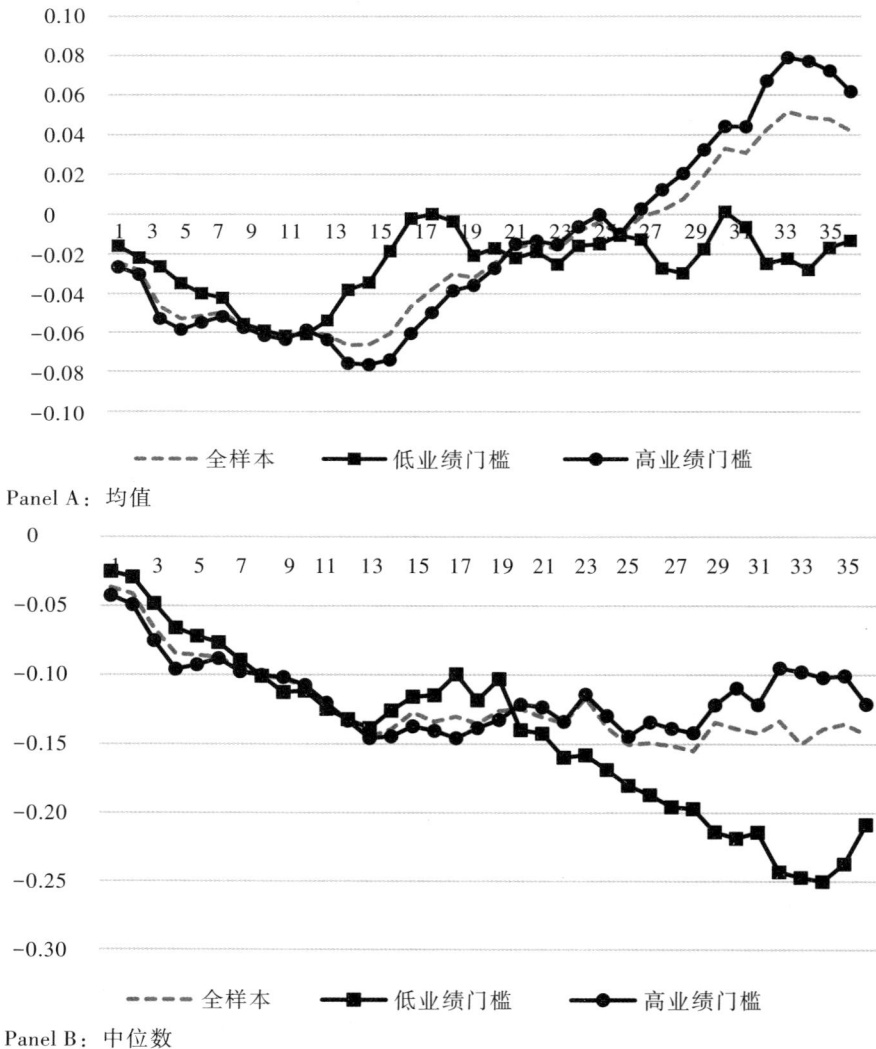

Panel A：均值

Panel B：中位数

图4-1　上市后市场业绩

为检验本书的研究假设6.1、研究假设6.2，分别应用首发公司上市后12个月、24个月、36个月的数据估计以下回归模型：

$$BHAR=\eta_0+\eta_1\times Post+\eta_2\times DA+\eta_3\times RM1+\eta_4\times CapExp+\eta_5\times BM+\eta_6\times Size+\eta_7\times Industry+\varepsilon \quad (14)$$

其中，BHAR为根据Kothari和Warner（1997）估计的首发公司上市后买入并持有收益；DA、RM1表示首发公司上市前的可操控应计盈余管理及实际业务活动盈余管理；CapExp表示资本支出；BM表示权益账面价值与市值比；Size表示公司规模。需要说明的是，变量BHAR及BM根据市场信息计算，而变量CapExp、Size根据年报会计信息计算，鉴于年报会计信息的更新频率为一年，不同于市场信息的更新频率，因此，模型（14）中各变量对应的事件时间不完全一致。具体地，首发公司上市后12个月、24个月、36个月的BHAR、BM分别与首发公司上市当年、上市后第一年、上市后第二年的CapExp、Size相对应。图4-2列示了相关事件时间的关系。

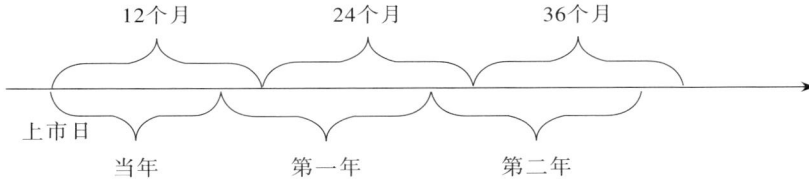

图4-2　事件时间图

本书关注模型（14）中Post的系数η_1，业绩门槛提高对首发公司上市后市场业绩具有正、负两个方向的影响。如果业绩门槛提高的净效应是首发公司上市后市场业绩下降得较少，则Post的系数η_1大于0；如果业绩门槛提高的净效应是首发公司上市后市场业绩下降得较多，则Post的系数η_1小于0。此外，本书控制首发公司首发前盈余管理（DA、RM1）、首发公司上市后投资（CapExp）及其他可能影响市场业绩的因素（BM、Size）。

模型（14）的回归结果请详见表4-15。表4-15第二列显示，在首发公司上市后12个月，Post的系数η_1=0.1928，在1%水平显著大于0（t=4.11），表明较高业绩门槛时期首发公司上市后12个月的BHARs高于较低业绩门槛时期首发公司；第三列显示，在首发公司上市后24个月，Post的系数η_1=0.3008，在1%水平显著大于0（t=3.40），表明较高业绩门槛时期首发公司上市后24个月的BHARs高于较低业绩门槛时期首发公司；第四列显示，在首发公司上市后36个月，Post的系数η_1=-0.0537，不显著区别于0（t=-0.58），表明较高业绩门槛时期首发公司上市后36个月的BHARs与较低业绩门槛时期首发公司不存在显著差异。

表4-14、图4-1、表4-15列示的结果，与研究假设6.1一致，随着业绩门槛的提高，投资者被误导的水平降低，首发公司上市后市场业绩不那么差。然而，

值得注意的是，表4-14及图4-1列示的结果与表4-15列示的结果存在一定的差异，表4-14及图4-1列示的结果表明，投资者在首发公司上市24个月至36个月才逐渐识别业绩门槛的影响，而表4-15列示的结果表明，投资者在首发公司上市之初就已经识别高业绩门槛的积极效应。本书认为，这可能是由于，不同业绩门槛时期首发公司规模存在较大差异，根据Fama和French（1992），公司规模对市场业绩具有显著影响，因此，未控制规模等影响因素的简单描述性统计分析与控制规模及其他因素的回归分析结果存在差异。

表4-15 上市后市场业绩的回归分析

变量	12个月		24个月		36个月	
	系数	t值	系数	t值	系数	t值
截距项	−0.6928	−2.94***	−1.3504	−3.53***	−2.0724	−3.52***
Post	0.1928	4.11***	0.3008	3.40***	−0.0537	−0.58
DA	0.0271	0.26	−0.0462	−0.30	−0.0496	−0.22
RM1	0.0495	0.76	0.1695	1.85*	0.2335	1.78*
CapExp	0.1557	1.92*	0.4135	3.12***	0.4157	1.90*
BM	−0.0009	−11.52***	−0.0014	−15.74***	−0.0018	−11.82***
Size	0.0435	3.63***	0.0881	4.54***	0.1441	4.76***
Industry	控制		控制		控制	
R^2	0.2836		0.4097		0.3692	
F值	12.44		17.62		13.95	
样本量	985		954		832	

注：表4-15检验业绩门槛提高对首发公司上市后市场业绩的影响，具体列示下述模型的回归结果：

$$BHAR=\eta_0+\eta_1\times Post+\eta_2\times DA+\eta_3\times RM1+\eta_4\times CapExp+\eta_5\times BM+\eta_6\times Size+\eta_7\times Industry+\varepsilon$$

表4-15第二列示首发公司上市后12个月的回归结果；表4-15第三列示首发公司上市后24个月的回归结果；表4-15第四列示首发公司上市后36个月的回归结果。

表4-15的样本量较少，是由于部分首发公司上市不足24个月或36个月而导致变量BHAR、BM的观测值缺失。

4.5 上市后会计业绩分析

前文证明，随着业绩门槛的提高，首发公司盈余管理减弱。根据 Teoh、Rao 和 Wong（1998），首发公司盈余管理越少，上市后的会计业绩持续性越好。可见，较高的业绩门槛虽然以历史会计业绩为基础，仍然可能筛选出未来业绩较好的公司。

为分析业绩门槛提高对首发公司上市后会计业绩的影响，表 4-16 列示了业绩门槛提高前后首发公司上市当年、上市后第一年、上市后第二年 ROA 的描述性统计分析。结果显示，在业绩门槛提高前，首发公司上市当年、上市后第一年、上市后第二年的 ROA 均值分别为 0.0532、0.0450、0.0401，均在 1% 水平显著大于 0（上市当年，t=30.90；上市后第一年，t=18.43；上市后第二年，t=12.43），ROA 中位数分别为 0.0491、0.0432、0.0410，均在 1% 水平显著大于 0（上市当年，Z=13.37；上市后第一年，Z=11.81；上市后第二年，Z=10.43）。

在业绩门槛提高后，首发公司上市当年、上市后第一年、上市后第二年的 ROA 均值分别为 0.0742、0.0611、0.0534，均在 1% 水平显著大于 0（上市当年，t=56.29；上市后第一年，t=43.37；上市后第二年，t=31.45），ROA 中位数分别为 0.0666、0.0585、0.0504，均在 1% 水平显著大于 0（上市当年，Z=23.68；上市后第一年，Z=22.77；上市后第二年，Z=20.98）。

首发公司上市当年、上市后第一年、上市后第二年，业绩门槛提高前与业绩门槛提高后 ROA 均值差异分别为 -0.0210、-0.0161、-0.0133，均在 1% 水平显著小于 0（上市当年，t= -9.68；上市后第一年，t=-5.72；上市后第二年，t=-3.66），业绩门槛提高前与业绩门槛提高后 ROA 中位数差异分别为 -0.0175、-0.0153、-0.0094，均在 1% 水平显著小于 0（上市当年，Z=-8.89；上市后第一年，Z= -5.86；上市后第二年，Z=-3.48）。

结果表明，与本书的研究假设 7 一致，随着业绩门槛的提高，首发公司上市后会计业绩较高，业绩门槛筛选未来会计业绩较好公司的作用至少可持续至首发公司上市后第二年。

图 4-3 描述了首发公司上市当年、上市后第一年、上市后第二年的 ROA，其中，Panel A 为 ROA 均值变化，Panel B 为 ROA 中位数变化。结果显示，首发公司上市当年直至上市后第二年，业绩门槛较高时期首发公司会计业绩始终优于业绩门槛较低时期的首发公司，且业绩门槛较高时期首发公司会计业绩优势并未随着时间推移而显著下降。结果表明，较高的业绩门槛可以筛选出未来会计业绩较好的首发公司。

表4-16　　　　　　　　上市后会计业绩的描述性统计分析

项目	样本量	均值	t值	中位数	Z值	标准差
当年						
全样本	985	0.0691	61.74***	0.0618	27.19***	0.0351
低业绩门槛	238	0.0532	30.90***	0.0491	13.37***	0.0266
高业绩门槛	747	0.0742	56.29***	0.0666	23.68***	0.0360
差异		−0.0210	−9.68***	−0.0175	−8.89***	
第一年						
全样本	985	0.0572	46.15***	0.0549	25.67***	0.0389
低业绩门槛	238	0.0450	18.43***	0.0432	11.81***	0.0376
高业绩门槛	747	0.0611	43.37***	0.0585	22.77***	0.0385
差异		−0.0161	−5.72***	−0.0153	−5.86***	
第二年						
全样本	918	0.0500	32.84***	0.0481	23.40***	0.0461
低业绩门槛	237	0.0401	12.43***	0.0410	10.43***	0.0497
高业绩门槛	681	0.0534	31.45***	0.0504	20.98***	0.0443
差异		−0.0133	−3.66***	−0.0094	−3.48***	

　　注：表4-16列示不同业绩门槛时期首发公司上市当年、上市后第一年、上市后第二年ROA。首发公司上市后第二年的样本量仅为918，缺失上市后第二年会计业绩数据的首发公司为67家（985−918），其中，上市后第二年退市的首发公司1家；截至2014年9月1日，上市不足二年的首发公司66家。

　　为检验本书的研究假设7，随着业绩门槛的提高，首发公司上市后会计业绩较高，本书分别以首发公司上市当年、上市后第一年、上市后第二年的数据估计以下回归模型：

$$ROA=\lambda_0+\lambda_1 \times Post+\lambda_2 \times DA+\lambda_3 \times RM1 +\lambda_4 \times ROA_b+\lambda_5 \times CapExp+\lambda_6 \times Size+\lambda_7 \times Industry+\varepsilon \qquad (15)$$

　　其中，被解释变量ROA为首发公司上市后的总资产收益率；ROA_b表示首发公司上市前总资产收益率。

Panel A：均值

Panel B：中位数

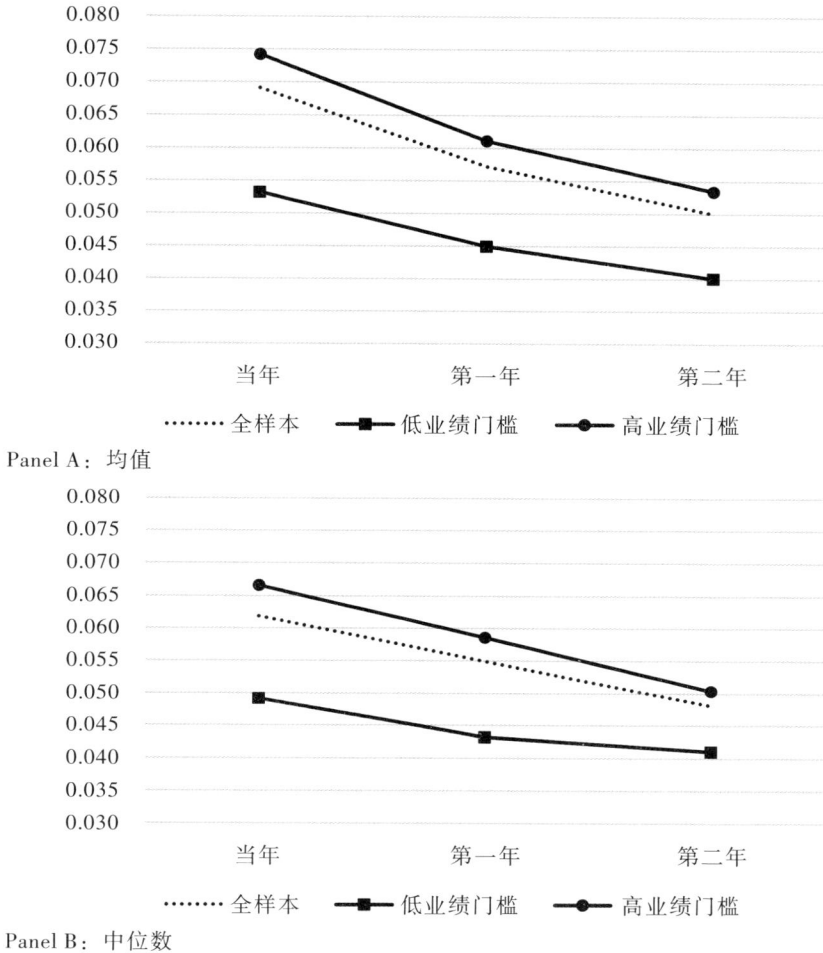

图4-3 上市后会计业绩

本书关注模型（15）中 Post 的系数 λ_1，如果业绩门槛提高后首发公司上市后的会计业绩较高，则 Post 的系数 λ_1 大于 0。此外，本书控制首发公司首发前盈余管理（DA、RM1）、首发前业绩（ROA_b）及首发公司上市后投资（CapExp）、规模（Size）及行业的影响。

模型（15）的回归结果请详见表4-17。第二列显示，在首发公司上市当年，Post 的系数 λ_1=0.0156，在 1% 水平显著大于 0（t=6.71）；第三列显示，在首发公司上市后第一年，Post 的系数 λ_1=0.0122，在 1% 水平显著大于 0（t=4.21）；第四列显示，Post 的系数 λ_1=0.0089，在 5% 水平显著大于 0（t=2.35）。结果表明，与研究假设 7 一致，与较低业绩门槛时期首发公司相比，较高业绩门槛时期首发公司上市后的会计业绩较好。

61

表4-17   **上市后会计业绩的回归分析**

变量	上市当年		上市后第一年		上市后第二年	
	系数	t值	系数	t值	系数	t值
截距项	0.0815	3.41***	0.0684	2.45**	0.0494	1.19
Post	0.0156	6.71***	0.0122	4.21***	0.0089	2.35**
DA	−0.0041	−0.28	0.0152	1.01	0.0045	0.22
RM1	−0.0145	−1.90*	−0.0386	−4.66***	−0.0348	−3.44***
ROA_b	0.1278	6.54***	0.1105	7.03***	0.0990	5.52***
CapExp	−0.0128	−1.56	0.0140	1.11	0.0137	0.85
Size	−0.0022	−1.86*	−0.0015	−1.15	−0.0007	−0.37
Industry	控 制		控 制		控 制	
R^2	0.2596		0.1813		0.1145	
F值	13.25		8.94		5.40	
样本量	985		985		918	

注：表4-17检验业绩门槛提高对首发公司上市后会计业绩的影响，具体列示下述模型的回归结果：

$$ROA=\lambda_0+\lambda_1\times Post+\lambda_2\times DA+\lambda_3\times RM1+\lambda_4\times ROA_b+\lambda_5\times CapExp+\lambda_6\times Size+\lambda_7\times Industry+\varepsilon$$

表4-17第二列列示首发公司上市当年的回归结果；表4-17第三列列示首发公司上市后第一年的回归结果；表4-17第四列列示首发公司上市后第二年的回归结果。

表4-17的样本量较少，是由于部分变量ROA的观测值缺失。

5 业绩门槛与盈余管理的附加检验

5.1 基于业绩达标水平的检验

关于业绩门槛条件下融资公司盈余管理，已有研究主要关注业绩分布于门槛附近融资公司出于达标动机的盈余管理（如陈小悦、肖星和过晓艳，2000；阎达五、耿建新和刘文鹏，2001；Chen 和 Yuan，2004；Haw、Qi、Wu D 和 Wu W，2005；Yu、Du 和 Sun，2006）。

本书预期，业绩门槛提高对业绩分布于门槛附近首发公司盈余管理的影响与对业绩远超过门槛公司盈余管理的影响存在差异。一方面，如果不能与低质量公司区别定价，与业绩分布于门槛附近的首发公司相比，业绩远超过门槛的高质量首发公司的损失较大，因此，业绩远超过门槛的高质量首发公司更担心被低质量公司模仿，也更担心被投资者过度打折，可见，市场竞争对业绩远超过门槛的高质量首发公司的盈余管理的影响更显著。另一方面，业绩分布于门槛附近的首发公司既会为了应对市场竞争而盈余管理，又会为了达到业绩门槛要求而盈余管理，而业绩门槛提高对两类盈余管理的作用方向相反。可见，与业绩分布于门槛附近的低质量公司相比，业绩门槛提高对业绩远超过门槛的高质量首发公司盈余管理的抑制作用较强。

为了分析业绩门槛变迁对业绩分布于门槛附近的相对低质量首发公司盈余管理影响与对业绩远超过门槛的相对高质量首发公司盈余管理影响的差异，本书以2006年业绩门槛法规中相关业绩指标（净利润、经营活动产生的现金流量净额）为标准将样本公司等分为四组。具体地，根据首发前三年净利润将首发公司排序，$Q1_{NI}$ 为净利润分布于门槛附近的相对低质量公司，$Q4_{NI}$ 为净利润远超过门槛的相对高质量公司；根据首发前三年经营活动产生的现金流量净额将首发公司排序，$Q1_{CFO}$ 为经营活动产生的现金流量净额接近门槛的相对低质量公司，$Q4_{CFO}$ 为经营活动产生的现金流量净额远离门槛的相对高质量公司。进一步地，考虑到2006年业绩门槛法规对首发公司净利润、经营活动产生的现金流量净额及营业收入提出了最低要求，本书分别分析了不同业绩门槛时期业绩接近门槛的相对低质量公司及业绩远离门槛的相对高质量公司净利润操纵策略、经营活动产生的现金流量净额操纵策略及营业收入操纵策略。

5.1.1 业绩达标水平与利润操纵

为了分析利润分布于门槛附近的相对低质量首发公司与利润远超过门槛的相对高质量首发公司利润操纵策略的差异，表5-1列示了不同业绩门槛时期利润分布于门槛附近的 $Q1_{NI}$ 与利润远超过门槛的 $Q4_{NI}$ 公司可操控应计盈余管理及实际业务活动盈余管理。

表5-1第二行第二列显示，业绩门槛提高前后利润分布于门槛附近的 $Q1_{NI}$ 公司 DA 均值差异为 0.0293，在 5% 水平显著大于 0（t=2.25），中位数差异为 0.0331，在 1% 水平显著大于 0（Z=2.58）；表5-1第二行第三列显示，业绩门槛提高前与业绩门槛提高后利润远超过门槛的 $Q4_{NI}$ 公司 DA 均值差异为 0.0741，在 1% 水平显著大于 0（t=4.24），中位数差异为 0.0950，在 1% 水平显著大于 0（Z=4.13）。结果表明，业绩门槛提高对利润远超过门槛的 $Q4_{NI}$ 公司可操控应计盈余管理的抑制作用较对利润分布于门槛附近的 $Q1_{NI}$ 公司可操控应计盈余管理的抑制作用显著。

表5-1第三行第二列显示，业绩门槛提高前后利润分布于门槛附近的 $Q1_{NI}$ 公司 RM1 均值差异为 0.0256，不显著区别于 0（t=1.24），中位数差异为 0.0303，不显著区别于 0（Z=1.04）；表5-1第三行第三列显示，业绩门槛提高前与业绩门槛提高后利润远超过门槛的 $Q4_{NI}$ 公司 RM1 均值差异为 0.1018，在 1% 水平显著大于 0（t=3.11），中位数差异为 0.1245，在 1% 水平显著大于 0（Z=2.88）。结果表明，业绩门槛提高主要影响利润远超过门槛的 $Q4_{NI}$ 公司实际业务活动盈余管理，没有证据支持业绩门槛提高影响利润分布于门槛附近的 $Q1_{NI}$ 公司实际业务活动盈余管理。

进一步地，本书分别以 $Q1_{NI}$、$Q4_{NI}$ 公司数据，以 DA、RM1 为被解释变量估计模型（9），具体回归结果请详见表5-2。

以 DA 为模型（9）被解释变量的回归结果请详见表5-2 Panel A。结果显示，以利润分布于门槛附近的 $Q1_{NI}$ 公司数据回归得到 Post 的系数 $\alpha_1=-0.0274$，在 10% 水平显著小于 0（t=-1.96）；与之相比，以利润远超过门槛的 $Q4_{NI}$ 公司数据回归得到的 Post 系数的绝对值较大，$\alpha_1=-0.0728$，在 1% 水平显著小于 0（t=-3.86）。结果表明，与利润分布于门槛附近的相对低质量公司相比，业绩门槛提高对利润远超过门槛的高质量公司可操控应计盈余管理影响更显著。

以 RM1 为模型（9）被解释变量的回归结果请详见表5-2 Panel B。结果显示，以利润分布于门槛附近的 $Q1_{NI}$ 公司数据回归得到 Post 的系数 $\alpha_1=-0.0095$，不显著区别于 0（t=-0.44）；以利润远超过门槛的 $Q4_{NI}$ 公司数据回归得到的 Post 的

表5-1

业绩达标水平与利润操纵的描述性统计分析

项目	Q1_NI						Q4_NI					
	样本量	均值	t值	中位数	Z值	标准差	样本量	均值	t值	中位数	Z值	标准差
DA												
全样本	245	-0.0076	-1.32	-0.0024	-0.71	0.0910	247	0.0075	0.89	0.0111	1.11	0.1325
低业绩门槛	59	0.0146	1.31	0.0237	1.99*	0.0859	60	0.0636	4.38***	0.0880	3.96***	0.1124
高业绩门槛	186	-0.0147	-2.19**	-0.0094	-1.89*	0.0917	187	-0.0105	-1.08	-0.0070	-1.15	0.1336
差异		0.0293	2.25**	0.0331	2.58***			0.0741	4.24***	0.0950	4.13***	
RM1												
全样本	245	0.0378	3.86***	0.0449	3.99***	0.1532	247	0.0307	2.13**	0.0313	2.16**	0.2268
低业绩门槛	59	0.0572	3.38***	0.0677	3.25***	0.1302	60	0.1078	3.81***	0.1222	3.61***	0.2188
高业绩门槛	186	0.0316	2.70***	0.0374	2.80***	0.1596	187	0.0060	0.37	-0.0023	0.43	0.2244
差异		0.0256	1.24	0.0303	1.04			0.1018	3.11***	0.1245	2.88***	

注：表5-1列示业绩门槛提高对利润分布于门槛附近的高质量首发公司与利润远远超过门槛首发公司利润操纵的影响。其中，$Q1_{NI}$为利润分布于门槛附近的低质量首发公司；$Q4_{NI}$为利润远远超过门槛的高质量首发公司。

系数 $\alpha_1 = -0.0727$，在5%水平显著小于0（$t = -2.14$）。结果表明，业绩门槛提高并未影响利润分布于门槛附近的相对低质量公司的实际业务活动盈余管理，然而，利润远超过门槛的相对高质量公司的实际业务活动盈余管理随着业绩门槛的提高而减少。

表5-1、表5-2列示的结果，与利润接近门槛的相对低质量首发公司相比，业绩门槛提高对利润远超过门槛的相对高质量首发公司利润操纵的抑制作用更显著。

表5-2　　　　　　　　　　业绩达标水平与利润操纵的回归分析

Panel A：利润达标水平与可操控应计盈余管理

变量	$Q1_{NI}$		$Q4_{NI}$	
	系数	t值	系数	t值
截距项	0.0751	0.57	0.5707	2.61***
Post	−0.0274	−1.96*	−0.0728	−3.86***
CapExp	0.1022	1.93*	−0.0157	−0.21
Lev	−0.0151	−0.43	0.0167	0.38
Size	−0.0023	−0.37	−0.0243	−2.23**
Big5	−0.0129	−0.63	0.0135	0.34
Industry	控制		控制	
R^2	0.0523		0.1637	
F值	1.09		5.06	
样本量	245		247	

Panel B：利润达标水平与实际业务活动盈余管理

变量	$Q1_{NI}$		$Q4_{NI}$	
	系数	t值	系数	t值
截距项	0.6633	2.72***	1.3924	3.91***
Post	−0.0095	−0.44	−0.0727	−2.14**
CapExp	−0.0895	−0.88	0.1045	0.91
Lev	−0.1403	−1.98**	−0.0916	−1.23
Size	−0.0271	−2.38**	−0.0577	−3.29***
Big5	0.0072	0.15	0.0184	0.38
Industry	控制		控制	
R^2	0.1025		0.1810	
F值	1.91		5.21	
样本量	245		247	

注：表5-2检验业绩门槛提高对利润分布于门槛附近首发公司与利润远超过门槛首发公司利润操纵的影响，具体列示下述模型的回归结果：

$$EM = \alpha_0 + \alpha_1 \times Post + \alpha_2 \times CapExp + \alpha_3 \times Lev + \alpha_4 \times Size + \alpha_5 \times Big5 + \alpha_6 \times Industry + \varepsilon$$

表5-2Panel A第二列列示以DA为被解释变量、针对利润分布于门槛附近$Q1_{NI}$公司数据的回归结果；表5-2Panel A第三列列示以DA为被解释变量、针对利润远超过门槛$Q4_{NI}$公司数据的回归结果；表5-2Panel B第二列列示以RM1为被解释变量、针对利润分布于门槛附近$Q1_{NI}$公司数据的回归结果；表5-2Panel B第三列列示以RM1为被解释变量、针对利润远超过门槛$Q4_{NI}$公司数据的回归结果。

5.1.2　业绩达标水平与现金流操纵

为了分析经营活动产生的现金流量净额分布于门槛附近的相对低质量首发公司与经营活动产生的现金流量净额远超过门槛的相对高质量首发公司现金流操纵策略的差异，表5-3列示了不同业绩门槛时期经营活动产生的现金流量净额分布于门槛附近的 $Q1_{CFO}$ 公司与经营活动产生的现金流量净额远超过门槛的 $Q4_{CFO}$ 公司的现金流操纵策略的差异。根据 Dechow、Kothari 和 Watts（1998），Cohen、Pandit、Wasley 和 Zach（2011），本书根据模型（3）、模型（4），应用 ROA 配对方法，计算样本公司现金流操纵 R_CFO。

表5-3第二列显示，业绩门槛提高前后经营活动产生的现金流量净额分布于门槛附近的 $Q1_{CFO}$ 公司现金流操纵 R_CFO 均值差异为 0.0096，不显著区别于 0（t=0.68），中位数差异为 0.0103，不显著区别于 0（Z=0.52）；表5-3第三列显示，业绩门槛提高前后经营活动产生的现金流量净额远超过门槛的 $Q4_{CFO}$ 公司现金流操纵 R_CFO 均值差异为 0.0436，在 5% 水平显著大于 0（t=2.51），中位数差异为 0.0212，在 5% 水平显著大于 0（Z=2.18）。结果表明，业绩门槛提高主要影响经营活动产生的现金流量净额远超过门槛的 $Q4_{CFO}$ 公司现金流操纵，没有证据支持业绩门槛提高影响经营活动产生的现金流量净额分布于门槛附近的 $Q1_{CFO}$ 公司现金流操纵。

表5-3　　　　　　业绩达标水平与现金流操纵的描述性统计分析

项目	Q1_CFO						Q4_CFO					
	样本量	均值	t值	中位数	Z值	标准差	样本量	均值	t值	中位数	Z值	标准差
全样本	245	0.0626	9.48***	0.0523	8.57***	0.1033	247	−0.0684	−8.47***	−0.0686	−7.69***	0.1269
低业绩门槛	59	0.0699	5.95***	0.0592	5.11***	0.0903	60	−0.0354	−2.43**	−0.0530	−2.78**	0.1127
高业绩门槛	186	0.0603	7.67***	0.0489	7.03***	0.1072	187	−0.0790	−8.33***	−0.0742	−7.25***	0.1297
差异		0.0096	0.68	0.0103	0.52			0.0436	2.51**	0.0212	2.18**	

注：表5-3列示业绩门槛提高对经营活动产生的现金流量净额分布于门槛附近的低质量首发公司与经营活动产生的现金流量净额远超过门槛的高质量首发公司现金流操纵的影响。其中，$Q1_{CFO}$ 为经营活动产生的现金流量净额分布于门槛附近的低质量首发公司；$Q4_{CFO}$ 为经营活动产生的现金流量净额远超过门槛的高质量首发公司。

进一步地，本书分别以经营活动产生的现金流量净额分布于门槛附近的 $Q1_{CFO}$ 公司数据及业绩门槛提高前后经营活动产生的现金流量净额远超过门槛的 $Q4_{CFO}$ 公司数据，以 R_CFO 为被解释变量估计模型（9），具体回归结果请详见表5-4。

　　表5-4第二列显示，以经营活动产生的现金流量净额分布于门槛附近的 $Q1_{CFO}$ 公司数据回归得到 Post 的系数 $\alpha_1 = -0.0011$，不显著区别于 0（t=-0.08）；表5-4第三列显示，以经营活动产生的现金流量净额远超过门槛的 $Q4_{CFO}$ 公司数据回归得到的 Post 的系数 $\alpha_1 = -0.0345$，在10%水平显著小于 0（t= -1.91）。结果表明，随着业绩门槛的提高，经营活动产生的现金流量净额远离门槛的相对高质量公司减少现金流操纵，而经营活动产生的现金流量净额分布于门槛附近的相对低质量公司现金流操纵并未受到业绩门槛变迁的影响。

　　可见，表5-3、表5-4列示的结果表明，与经营活动产生的现金流量净额分布于门槛附近的相对低质量首发公司相比，业绩门槛提高对经营活动产生的现金流量净额远超过门槛的相对高质量首发公司现金流操纵的抑制作用更显著。

表5-4　　　　　　　　　　业绩达标水平与现金流操纵的回归分析

变量	$Q1_{CFO}$		$Q4_{CFO}$	
	系数	t值	系数	t值
截距项	0.3006	1.74*	0.5978	3.52***
Post	−0.0011	−0.08	−0.0345	−1.91*
CapExp	−0.0476	−0.59	0.0288	0.41
Lev	0.0501	1.23	−0.0923	−2.07**
Size	−0.0124	−1.63	−0.0257	−3.20***
Big5	0.0124	0.40	0.0096	0.29
Industry	控制		控制	
R^2	0.1435		0.2056	
F值	2.85		6.34	
样本量	245		247	

　　注：表5-4检验业绩门槛提高对经营活动产生的现金流量净额分布于门槛附近的首发公司与经营活动产生的现金流量净额远超过门槛的首发公司现金流操纵的影响，具体列示下述模型的回归结果：

$$EM = \alpha_0 + \alpha_1 \times Post + \alpha_2 \times CapExp + \alpha_3 \times Lev + \alpha_4 \times Size + \alpha_5 \times Big5 + \alpha_6 \times Industry + \varepsilon$$

　　其中，被解释变量为 R_CFO。表5-4第二列列示针对经营活动产生的现金流量净额分布于门槛附近 $Q1_{CFO}$ 公司数据的回归结果；表5-4第三列列示针对经营活动产生的现金流量净额远超过门槛 $Q4_{CFO}$ 公司数据的回归结果。

5.1.3 业绩达标水平与营业收入操纵

为了分析营业收入分布于门槛附近的相对低质量公司与营业收入远超过门槛的相对高质量公司营业收入操纵策略的差异，表5-5列示了不同业绩门槛时期经营活动产生的现金流量净额分布于门槛附近的$Q1_{CFO}$与经营活动产生的现金流量净额远超过门槛的$Q4_{CFO}$公司营业收入操纵策略。

根据2006年新业绩门槛法规，首发公司只需要满足"最近3个会计年度经营活动产生的现金流量净额累计超过人民币5 000万元"与"最近3个会计年度营业收入累计超过人民币3亿元"之一即可。本书对首发公司经营活动产生的现金流量与营业收入分析发现，满足"经营活动产生的现金流量净额"门槛要求较满足"营业收入"门槛更加困难，因此，本书根据首发公司经营活动产生的现金流量净额确定首发公司达到营业收入门槛的程度。

本书根据Stubben（2010）估计公司营业收入操纵。具体地，以同年度、同行业上市一年以上且最近三年内未再融资的公司估计模型（16）的参数θ_0、θ_1、θ_2、θ_3、θ_4、θ_5、θ_6、θ_7、θ_8。

$$\Delta AR_{it}=\theta_0+\theta_1\times\Delta Sales_{it}+\theta_2\times\Delta Sales_{it}\times Size_{it}+\theta_3\times\Delta Sales_{it}\times AGE_{it}+\theta_4\times\Delta Sales_{it}\times AGE\_SQ_{it}+\theta_5\times\Delta Sales_{it}\times$$

$$GRR\_P_{it}+\theta_6\times\Delta Sales_{it}\times GRR\_N_{it}+\theta_7\times\Delta Sales_{it}\times GRM_{it}+\theta_8\times\Delta Sales_{it}\times GRM\_SQ_{it}+\varepsilon \qquad (16)$$

其中，AGE表示公司成立年限，为自公司成立起所经历年度的自然对数；AGE_SQ为AGE的平方；GRR为相对于行业中位数的营业收入增长率；GRR_P表示正营业收入增长率，在GRR大于0的条件下，GRR_P=GRR，在GRR小于等于0的条件下，GRR_P等于0；GRR_N表示负营业收入增长率，在GRR小于0的条件下，GRR_N=GRR，在GRR大于等于0的条件下，GRR_N等于0；GRM为相对于行业中位数的营业利润率；GRM_SQ为GRM的平方。需要注意的是，本书以前一期期末总资产对模型（16）中变量标准化。进一步地，以模型（16）残差表示样本公司营业收入操纵，记为R_AR。首发公司向上营业收入操纵越严重，模型（16）的残差项越大。

表5-5第二列显示，业绩门槛提高前后业绩分布于门槛附近的$Q1_{CFO}$公司营业收入操纵R_AR均值差异为0.0153，不显著区别于0（t=1.56），中位数差异为0.0227，在5%水平显著大于0（Z=2.45）；表5-5第三列显示，业绩门槛提高前后业绩远超过门槛的$Q4_{CFO}$公司营业收入操纵R_AR均值差异为0.0444，在1%水平显著大于0（t=4.12），中位数差异为0.0196，在1%水平显著大于0（Z=3.53）。结果表明，业绩门槛提高主要影响业绩远超过门槛的$Q4_{CFO}$公司营业收入操纵，没有足够的证据支持业绩门槛提高影响业绩分布于门槛附近的$Q1_{CFO}$公司营业收入操纵。

表5-5　　　　　　　业绩达标水平与营业收入操纵的描述性统计分析

项目	Q1$_{CFO}$					Q4$_{CFO}$				
	样本量	均值	t值	中位数	Z值	标准差	样本量	均值	t值	中位数	Z值	标准差
全样本	245	0.0190	3.80***	0.0108	5.18***	0.0783	247	−0.0156	−2.60***	−0.0097	−2.53**	0.0943
低业绩门槛	59	0.0306	3.96***	0.0316	3.80***	0.0594	60	0.0180	2.28**	0.0040	1.73*	0.0609
高业绩门槛	186	0.0153	2.51**	0.0089	3.65***	0.0833	187	−0.0264	−3.59***	−0.0156	−3.90***	0.1005
差异		0.0153	1.56	0.0227	2.45**			0.0444	4.12***	0.0196	3.53***	

注：表5-5列示业绩门槛提高对业绩分布于门槛附近首发公司与业绩远超过门槛首发公司营业收入操纵的影响。其中，Q1$_{CFO}$为经营活动产生的现金流量净额分布于门槛附近的低质量首发公司；Q4$_{CFO}$为经营活动产生的现金流量净额远超过门槛的高质量首发公司。

进一步地，本书分别以经营活动产生的现金流量净额分布于门槛附近的Q1$_{CFO}$公司数据及业绩门槛提高前后经营活动产生的现金流量净额远超过门槛的Q4$_{CFO}$公司数据，以R_AR为被解释变量估计模型（9），具体回归结果请详见表5-6。

表5-6　　　　　　　业绩达标水平与营业收入操纵的回归分析

变量	Q1$_{CFO}$		Q4$_{CFO}$	
	系数	t值	系数	t值
截距项	0.0969	0.76	0.3437	2.02**
Post	−0.0103	−0.71	−0.0428	−3.17***
CapExp	0.0592	1.07	0.0138	0.28
Lev	−0.0054	−0.21	−0.0566	−2.09**
Size	−0.0055	−0.90	−0.0136	−1.57
Big5	0.0379	0.75	0.0516	1.62
Industry	控制		控制	
R^2	0.0579		0.0979	
F值	1.92		14.29	
样本量	245		247	

注：表5-6检验业绩门槛提高对业绩分布于门槛附近的首发公司与业绩远超过门槛的首发公司营业收入操纵的影响，具体列示下述模型的回归结果：

$$EM=\alpha_0+\alpha_1\times Post+\alpha_2\times CapExp+\alpha_3\times Lev+\alpha_4\times Size+\alpha_5\times Big5+\alpha_6\times Industry+\varepsilon$$

其中，被解释变量为R_AR。表5-6第二列列示针对经营活动产生的现金流量净额分布于门槛附近Q1$_{CFO}$公司数据的回归结果；表5-6第三列列示针对经营活动产生的现金流量净额远超过门槛Q4$_{CFO}$公司数据的回归结果。

表 5-6 第二列显示，以 Q1$_{CFO}$ 公司数据回归得到 Post 的系数 α_1 = -0.0103，不显著区别于 0（t= -0.71）；表 5-6 第三列显示，以 Q4$_{CFO}$ 公司数据回归得到的 Post 的系数 α_1 = -0.0428，在 1% 水平显著小于 0（t=-3.17）。结果表明，随着业绩门槛的提高，业绩远离门槛的相对高质量公司减少营业收入操纵，而业绩分布于门槛附近的相对低质量公司营业收入操纵并未受到业绩门槛变迁的影响。

表 5-5、表 5-6 列示的结果表明，与业绩分布于门槛附近的相对低质量首发公司相比，业绩门槛提高对业绩远超过门槛的相对高质量首发公司营业收入操纵的抑制作用更显著。

已有关于业绩门槛条件下融资公司盈余管理的研究，主要关注业绩分布于门槛附近公司的盈余管理策略，如阎达五、耿建新和刘文鹏（2001），陈小悦、肖星和过晓艳（2000），Yu、Du 和 Sun（2006）等。然而，表 5-1 至表 5-6 列示的结果表明，业绩门槛提高对业绩远超过门槛的高质量首发公司盈余管理的抑制作用更显著。已有研究并未分析业绩门槛盈余管理效应的全貌。

5.2　基于首发公司业绩的检验

前文表 4-3 显示，不同业绩门槛时期首发公司业绩存在差异。公司业绩会影响盈余管理，与业绩较高的首发公司相比，业绩较低的首发公司更关注投资者对其前景的判断，利用盈余管理影响投资者估值的动机更强；此外，Bhagat 和 Bolton（2008）证明，低质量公司通常有较严重的委托代理问题，公司治理较差，因此，低质量公司盈余管理的机会较多。可见，较高业绩门槛之所以抑制首发公司盈余管理可能是因为，较高业绩门槛时期首发公司的业绩较高。

与之不同，本书所强调的业绩门槛影响首发公司盈余管理是因为，随着业绩门槛的提高，投资者对公司估值提高、打折减少，首发公司间相互竞争减弱。因此，业绩门槛提高前后业绩相近的首发公司，其盈余管理策略仍然会存在差异。基于此，为了检验本书的假设，排除业绩对首发公司盈余管理影响的干扰，本书依次采取两种方法控制首发公司业绩，并分析在控制首发公司业绩条件下业绩门槛变迁对首发公司盈余管理的影响。

第一种方法，根据 2006 年新业绩门槛，本书将 2006 年前较低业绩门槛时期的首发公司分为满足新业绩门槛的高质量公司及不满足新业绩门槛的低质量公司，则较低业绩门槛时期的高质量公司与较高业绩门槛时期首发公司业绩相近。在 2006 年业绩门槛提高前的 238 家首发公司中，156 家（65.55%）高质量首发公司可以达到新业绩门槛要求，82 家（34.45%）低质量首发公司不能达到新业绩门槛要求。表 5-7 列示了 156 家业绩门槛提高前高质量首发公司与业绩门槛提高后首发公司盈余管理的差异。

表5-7第二行显示，业绩门槛提高前高质量首发公司与业绩门槛提高后首发公司DA的均值差异为0.0225，在5%水平显著大于0（t=2.57），中位数差异为0.0275，在1%水平显著大于0（Z=2.87）。结果表明，在控制首发公司业绩的条件下，业绩门槛提高仍然会抑制首发公司可操控应计盈余管理。不同业绩门槛条件下首发市场竞争环境的差异是首发公司可操控应计盈余管理随着业绩门槛提高而减弱的原因。

表5-7第三行显示，业绩门槛提高前高质量首发公司与业绩门槛提高后首发公司RM1的均值差异为0.0589，在1%水平显著大于0（t=4.59），中位数差异为0.0380，在1%水平显著大于0（Z=4.31）。结果表明，在控制首发公司业绩的条件下，随着业绩门槛的提高，首发公司实际业务活动盈余管理水平仍然下降。不同业绩门槛条件下首发市场竞争环境的差异是首发公司实际业务活动盈余管理随着业绩门槛的提高而减弱的原因。

表5-7　　达到2006年新门槛首发公司盈余管理的描述性统计分析

项　　目	样本量	均值	t值	中位数	Z值	标准差
DA						
全样本	903	−0.0022	−0.63	−0.0008	−0.38	0.1044
低业绩门槛	156	0.0164	2.09**	0.0220	2.36**	0.0981
高业绩门槛	747	−0.0061	−1.57	−0.0055	−1.56	0.1053
差异		0.0225	2.57**	0.0275	2.87***	
RM1						
全样本	903	0.0041	1.06	−0.0007	0.35	0.1170
低业绩门槛	156	0.0528	4.32***	0.0325	3.63***	0.1529
高业绩门槛	747	−0.0061	−1.57	−0.0055	−1.56	0.1053
差异		0.0589	4.59***	0.0380	4.31***	

注：表5-7列示了业绩门槛提高前业绩可以达到新业绩门槛要求的高质量首发公司与业绩门槛提高后首发公司可操控应计盈余管理及实际业务活动盈余管理的差异。

进一步地，在控制其他因素的条件下，本书以业绩门槛提高前156家高质量首发公司与业绩门槛提高后首发公司数据估计模型（9），具体回归结果请详见表5-8。表5-8第二列显示，以DA为模型（9）的被解释变量回归得到Post的系数

α_1=-0.0156，在10%水平显著小于0（t=-1.73）；表5-8第三列显示，以RM1为模型（9）的被解释变量回归得到Post的系数α_1= -0.0502，在1%水平显著小于0（t=-3.94）。结果表明，在控制其他影响因素的条件下，对于业绩门槛提高前后业绩相近的首发公司，首发前可操控应计盈余管理及实际业务活动盈余管理会随着业绩门槛的提高而减弱。

表5-8　　　　　达到2006年新门槛首发公司盈余管理的回归分析

变量	DA		RM1	
	系数	t值	系数	t值
截距项	0.3672	4.34***	0.5300	5.84***
Post	−0.0156	−1.73*	−0.0502	−3.94***
CapExp	0.0091	0.25	0.0196	0.48
Lev	−0.0063	−0.28	−0.0118	−0.52
Size	−0.0153	−3.80***	−0.0208	−4.84***
Big5	0.0017	0.11	−0.0043	−0.25
Industry	控制		控制	
R^2	0.0607		0.1080	
F值	4.04		6.02	
样本量	903		903	

注：表5-8检验业绩门槛提高前满足2006年新业绩门槛高质量首发公司与业绩门槛提高后首发公司盈余管理的差异，具体列示下述回归模型的结果：

EM=α_0+α_1×Post+α_2×CapExp+α_3×Lev+α_4×Size+α_5×Big5+α_6×Industry+ε

表5-8第二列列示以DA为被解释变量的回归结果；表5-8第三列列示以RM1为被解释变量的回归结果。

第二种方法，本书根据首发前一期ROA最接近且差异小于10%为标准，为业绩门槛提高后首发公司选择与之业绩匹配的业绩门槛提高前首发公司。本书为706家业绩门槛提高后的首发公司选择203家业绩门槛提高前的首发公司。表5-9列示了业绩门槛提高前后ROA匹配的首发公司盈余管理差异。

表5-9   ROA匹配首发公司盈余管理的描述性统计分析

项　　目	样本量	均值	t值	中位数	Z值	标准差
DA						
全样本	909	0.0069	2.03**	0.0059	2.16**	0.1015
低业绩门槛	203	0.0454	6.32***	0.0516	6.17***	0.1023
高业绩门槛	706	−0.0042	−1.14	−0.0052	−1.23	0.0986
差异		0.0496	6.14***	0.0568	6.58***	
RM1						
全样本	909	0.0514	8.53***	0.0484	8.54***	0.1818
低业绩门槛	203	0.0973	8.22***	0.1077	7.49***	0.1686
高业绩门槛	706	0.0383	5.54***	0.0342	5.62***	0.1834
差异		0.0590	4.31***	0.0735	4.19***	

注：表5-9列示了业绩门槛提高前后ROA匹配的首发公司可操控应计盈余管理及实际业务活动盈余管理差异。

表5-9第二行显示，业绩门槛提高前后ROA匹配的首发公司DA均值差异为0.0496，在1%水平显著大于0（t=6.14），中位数差异为0.0568，在1%水平显著大于0（Z=6.58）；表5-9第三行显示，业绩门槛提高前后ROA匹配的首发公司RM1均值差异为0.0590，在1%水平显著大于0（t=4.31），中位数差异为0.0735，在1%水平显著大于0（Z=4.19）。结果表明，在控制其他影响因素的条件下，对于业绩匹配的首发公司，首发前可操控应计盈余管理及实际业务活动盈余管理会随着业绩门槛的提高而减弱。

进一步地，本书以ROA匹配的909家首发公司数据估计模型（9），具体的回归结果请详见表5-10。表5-10第二列显示，以DA为模型（9）被解释变量回归得到Post的系数$\alpha_1=-0.0396$，在1%水平显著小于0（t=−4.78）；表5-10第三列显示，以RM1为模型（9）被解释变量回归得到Post的系数$\alpha_1=-0.0249$，在10%水平显著小于0（t=−1.85）。结果表明，对于业绩门槛提高前后业绩相当的首发公司，首发前盈余管理仍然会随着业绩门槛的提高而减弱。

可见，表5-5至表5-10列示的结果表明，不同业绩门槛时期首发公司面临的竞争环境存在差异，业绩门槛提高前后业绩相近的首发公司，其盈余管理水平仍然会存在差异。

表5-10   ROA匹配首发公司盈余管理的回归分析

变量	DA		RM1	
	系数	t值	系数	t值
截距项	0.4027	4.87***	1.1421	8.11***
Post	−0.0396	−4.78***	−0.0249	−1.85*
CapExp	0.0001	0.00	0.0139	0.24
Lev	0.0252	1.23	−0.0798	−2.30**
Size	−0.0165	−4.12***	−0.0475	−7.06***
Big5	0.0080	0.51	0.0425	1.55
Industry	控制		控制	
R^2	0.1074		0.1257	
F值	7.80		9.13	
样本量	909		909	

注：表5-10检验业绩门槛变迁对ROA匹配首发公司盈余管理的影响，具体列示下述回归模型的结果：

$$EM=\alpha_0+\alpha_1\times Post+\alpha_2\times CapExp+\alpha_3\times Lev+\alpha_4\times Size+\alpha_5\times Big5+\alpha_6\times Industry+\varepsilon$$

表5-10第二列列示以DA为被解释变量的回归结果；表5-10第三列列示以RM1为被解释变量的回归结果。

5.3 排除非首发事件干扰的检验

本书认为，业绩门槛提高导致2006年后首发公司盈余管理水平显著下降。然而，我国资本市场在2006年前后经历了一系列变革，可能导致公司盈余管理在时间序列上的变化。首先，新会计准则于2007年1月1日起在上市公司中执行，根据He、Wong和Young（2012），新会计准则的实施会改变公司会计政策选择。其次，我国于2005年起逐步开展股权分置改革。在股改完成前，上市公司处于股权分置状态，控股股东的现金流量权与控制权分离，导致公司存在较严重的委托代理问题。在股改完成后，非流通股将在短期内获得流通权。Cumming、Hou和Lee（2012）发现，随着股权分置改革的完成，公司的治理水平提高，盈余管理等机会主义行为减少。

为减少上述资本市场改革事件对本书研究发现的影响，本书应用双重差分模型（Difference-in-Differences Model，DID），通过控制非首发上市公司盈余管理时间序列趋势，分离首发公司盈余管理时间序列趋势，以证明业绩门槛法规对首发公司盈余管理的影响。具体地，以上市一年以上且最近三年内未再融资的上市公司作为对照样本，在模型（9）基础上估计以下回归模型：

$$EM=\xi_0+\xi_1\times Post+\xi_2\times Issuer+\xi_3\times Post\times Issuer+\xi_4\times CapExp+\xi_5\times Lev+\xi_6\times Size+\xi_7\times Big5+\xi_8\times Industry+\varepsilon \quad (17)$$

其中，Issuer表示是否为首发公司的哑变量，如果为首发公司，则Issuer=1，如果为对照公司，则 Issuer=0。

本书主要关注模型（17）中 Post×Issuer 的系数 ξ_3。模型（17）中 Post 的系数 ξ_1 表示 2006 年后非首发公司盈余管理水平的变化。如果在控制上市公司盈余管理时间序列趋势的基础上，2006 年业绩门槛提高仍然会导致首发公司盈余管理减弱，那么，相对于非首发公司，2006 年之后首发公司盈余管理下降较显著，则 Post×Issuer 的系数 ξ_3 小于 0。

以 DA 为模型（17）被解释变量的回归结果请详见表 5-11 第二列。结果显示，Post 系数 ξ_1=0.0041，在 10% 水平显著大于 0（t=1.89）；Post×Issuer 的系数 ξ_3=−0.1161，在 1% 水平显著小于 0（t=−9.57）。结果表明，在控制 2006 年前后非首发公司可操控应计盈余管理变化趋势的条件下，首发公司可操控应计盈余管理在 2006 年后显著减弱。

表5-11 盈余管理的DID分析

变量	DA		RM1	
	系数	t值	系数	t值
截距项	0.2056	8.58***	−0.1755	−5.58***
Post	0.0041	1.89*	−0.0031	−1.06
Issuer	0.0866	8.25***	0.1048	9.02***
Post×Issuer	−0.1161	−9.57***	−0.0617	−4.56***
CapExp	0.0273	2.31**	−0.0043	−0.27
Lev	−0.0037	−0.98	0.0162	3.14***
Size	−0.0094	−8.31***	0.0082	5.57***
Big5	0.0043	1.00	0.0051	0.78
Industry	控制		控制	
R^2	0.0190		0.0129	
F值	11.15		8.21	
样本量	13 656		12 684	

注：表 5-11 检验控制非首发公司盈余管理时间序列趋势条件下业绩门槛提高对首发公司盈余管理的影响，具体列示下述模型的回归结果：

$$EM=\xi_0+\xi_1\times Post+\xi_2\times Issuer+\xi_3\times Post\times Issuer+\xi_4\times CapExp+\xi_5\times Lev+\xi_6\times Size+\xi_7\times Big5+\xi_8\times Industry+\varepsilon$$

表 5-11 第二列列示以 DA 为被解释变量的回归结果，回归样本包括首发公司 985 家及已上市公司 12 671 家；表 5-11 第三列列示以 RM1 为被解释变量的回归结果，回归样本包括首发公司 985 家及已上市公司 11 699 家。

以 RM1 为模型（17）被解释变量的回归结果请详见表 5-11 第三列。结果显示，Post 的系数 ξ_1=−0.0031，不显著区别于 0（t=−1.06）；Post×Issuer 的系数 ξ_3=−0.0617，在 1% 水平显著小于 0（t=−4.56）。结果表明，2006 年后非首发公司实际业务活动盈余管理未发生显著变化，与之相比，首发公司实际业务活动盈余管理在 2006 年后显著下降。

　　表 5-11 列示的结果表明，业绩门槛变迁是导致 2006 年前后首发公司盈余管理变化的主要因素。

5.4　排除其他首发事件干扰的检验

　　我国首发市场正处于发展阶段，除业绩门槛法规外，其他首发法规也在不断完善。本书样本区间历时 11 年，其中，较低业绩门槛时期为 2002 年 1 月 1 日至 2006 年 5 月 18 日，约 4 年；较高业绩门槛时期为 2006 年 5 月 19 日至 2012 年 12 月 31 日，约 7 年。样本区间内的其他首发法规变迁也可能影响首发公司的盈余管理。

　　为了证明业绩门槛变迁是导致首发公司盈余管理时间序列变化的主要因素，本书分析了首发公司盈余管理的逐年变化趋势。表 5-12 显示，首发公司 DA、RM1 的分布在 2006 年是不连续的。2005 年首发公司 DA 的均值为 0.0760，中位数为 0.0748，而 2006 年 DA 的均值仅为 0.0258，中位数也下跌至 0.0250；2005 年首发公司 RM1 的均值为 0.1317，中位数为 0.1384，2006 年 RM1 的均值则低至 0.0476，中位数为 0.0792。

表 5-12　　　　　　　　　　　　　盈余管理的逐年分析

年度	DA			RM1		
	样本量	均值	中位数	样本量	均值	中位数
低业绩门槛						
2002	63	0.0226	0.0141	63	0.0575	0.0677
2003	64	0.0532	0.0523	64	0.1007	0.0911
2004	97	0.0425	0.0612	97	0.1093	0.1166
2005	14	0.0760	0.0748	14	0.1317	0.1384
高业绩门槛						
2006	67	0.0258	0.0250	67	0.0476	0.0792
2007	103	0.0097	0.0008	103	0.0459	0.0418
2008	70	0.0163	0.0236	70	0.0513	0.0566
2009	73	−0.0328	−0.0273	73	−0.0007	0.0058
2010	218	−0.0107	−0.0076	218	0.0332	0.0289
2011	145	−0.0064	−0.0044	145	0.0493	0.0420
2012	71	−0.0387	−0.0379	71	−0.0196	−0.0202
全样本	985	0.0043	0.0078	985	0.0477	0.0444

　　图 5-1Panel A、Panel B 描述了首发公司 DA 年度均值、年度中位数的时间序列趋势；图 5-1 Panel C、Panel D 描述了首发公司 RM1 年度均值、年度中位数的时间序列趋势。不难发现，与表 5-12 列示的结果一致，DA、RM1 的年度均值、年度中位数在 2006 年均减少。

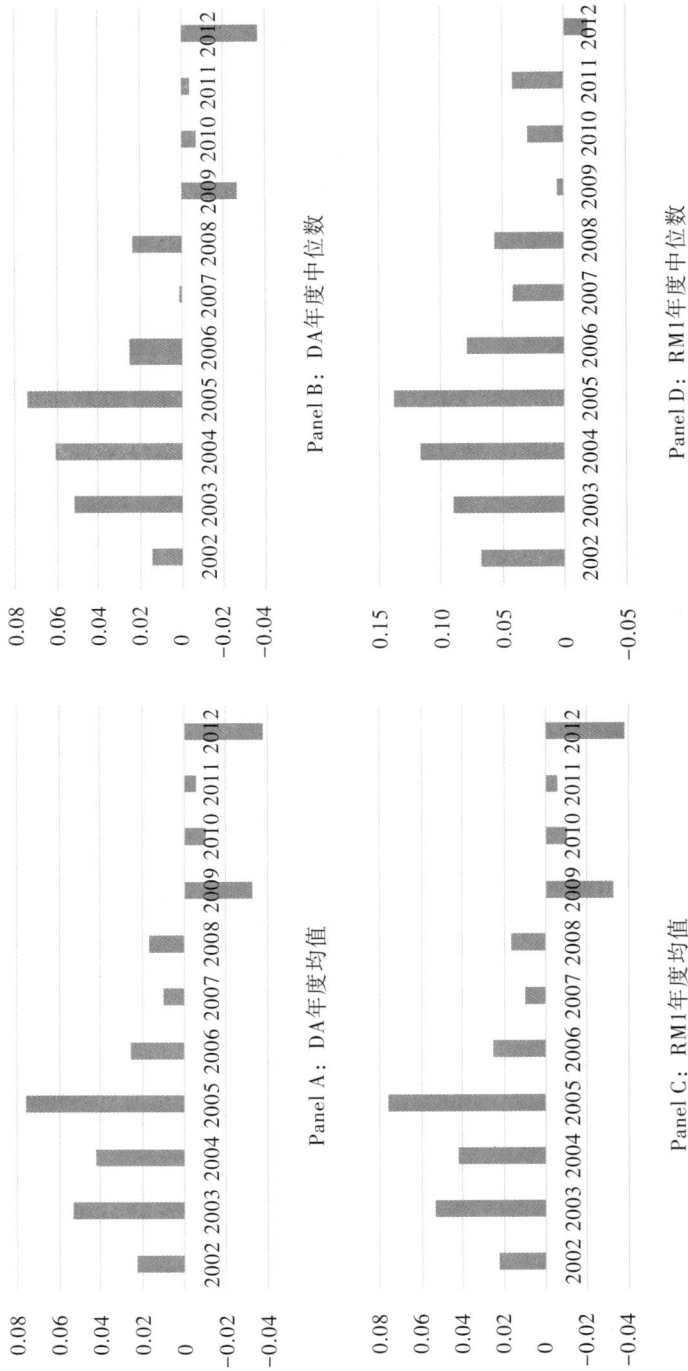

图 5-1　盈余管理的年度变化

进一步地，为了明确2006年业绩门槛法规的盈余管理效应，本书将样本区间缩短至除业绩门槛法规以外其他首发法规变化较少的2004年1月1日至2008年12月31日。新样本区间内的首发公司352家，其中，2004年1月1日至业绩门槛提高期间的首发公司111家，业绩门槛提高至2008年12月31日期间的首发公司241家。新样本区间开始于2004年1月1日是因为，《证券发行上市保荐制度暂行办法》于2004年起实施，根据王克敏和廉鹏（2008），保荐制度实施会影响首发公司盈余管理的时机。新样本区间终止于2008年12月31日是因为，我国证监会于2009年制定了《关于进一步改革和完善新股发行体制的指导意见》，随之提出了一系列意在提高首发定价效率、抑制投机、保护中小投资者利益的改革措施，这也会影响首发公司的盈余管理策略。可见，新样本区间2004年1月1日至2008年12月31日可以更准确地检验业绩门槛法规的盈余管理效应。本书以新样本区间内的首发公司数据估计模型（9）。

以DA为被解释变量，针对新样本区间数据估计模型（9）的回归结果请详见表5-13第二列，结果显示，Post的系数 $\alpha_1=-0.0257$，在5%水平显著小于0（t=-1.97）；以RM1为被解释变量，针对新样本区间数据估计模型（9）的回归结果请详见表5-13第三列，结果显示，Post的系数 $\alpha_1=-0.0454$，在5%水平显著小于0（t=-2.05）。结果表明，在控制业绩门槛法规以外其他首发法规的影响后，随着业绩门槛的提高，首发公司可操控应计盈余管理及实际业务活动盈余管理水平减弱。

表5-12、图5-1及表5-13列示的结果表明，业绩门槛变迁对首发公司盈余管理时间序列变化具有重要影响，较低业绩门槛时期与较高业绩门槛时期首发公司可操控应计盈余管理及实际业务活动盈余管理差异主要是由业绩门槛法规的变迁导致的。

表5-13　　　　　　2004—2008年首发公司盈余管理的回归分析

变量	DA		RM1	
	系数	t值	系数	t值
截距项	0.6456	4.91***	1.5568	6.06***
Post	−0.0257	−1.97**	−0.0454	−2.05**
CapExp	0.0017	0.03	0.0382	0.42
Lev	−0.0228	−0.76	−0.1493	−2.81***
Size	−0.0268	−4.06***	−0.0638	−5.18***
Big5	0.0420	1.97*	0.0894	2.02**

续表

变量	DA	RM1
Industry	控制	控制
R^2	0.1229	0.1532
F值	4.46	4.03
样本量	352	352

注：表5-13检验业绩门槛变迁对2004年至2008年首发公司盈余管理的影响，2004年1月1日至业绩门槛提高期间的首发公司111家，业绩门槛提高至2008年12月31日期间的首发公司241家。具体列示下述模型的回归结果：

$$EM=\alpha_0+\alpha_1\times Post+\alpha_2\times CapExp+\alpha_3\times Lev+\alpha_4\times Size+\alpha_5\times Big5+\alpha_6\times Industry+\varepsilon$$

表5-13第二列列示以DA为被解释变量的回归结果；表5-13第三列列示以RM1为被解释变量的回归结果。

6 研究结论：业绩门槛迫使公司管理盈余

6.1　主要研究发现

区别于已有机会主义盈余管理的研究（如 Teoh，Wang and Rao，1998；Teoh，Welch and Wong，1998），及道德维度的盈余管理竞争理论（如 Shleifer，2004），本书从效率的维度，基于权衡理论，论证了竞争压力对首发公司盈余管理的影响。竞争压力体现在公司与投资者之间博弈及公司间博弈两个方面。我国业绩门槛法规会外生地改变首发市场供给，影响公司与投资者及与其他公司的博弈，进而影响公司盈余管理策略。研究发现，随着业绩门槛的提高，首发公司面临的竞争得以缓解，首发公司应对竞争的盈余管理水平下降。进一步地，业绩门槛的盈余管理效应受到首发决策市场化水平的影响。在首发决策市场化水平较低的条件下，公司应对竞争的动机较弱，应对竞争的非市场化手段较多，因此，竞争的缓解对此类公司盈余管理的抑制作用较弱。研究发现，业绩门槛提高对市场化进程缓慢地区首发公司、国有首发公司及获得较多政府支持非国有首发公司盈余管理的抑制作用较不显著。

随着业绩门槛的提高，首发公司盈余管理减弱，首发市场的信息不对称水平降低，因此，公司可以节约部分信息不对称成本，支付较少的首发溢价；随着业绩门槛的提高，首发公司较少地盈余管理可以相应减少对投资者估值的误导，因此，首发公司上市后投资者估值调整幅度较小，公司的市场业绩下降得较少；此外，随着业绩门槛的提高，首发公司较少地盈余管理还会提高会计业绩的持续性，因此，较高业绩门槛时期首发公司上市后的会计业绩较好。

与业绩分布于门槛附近的相对低质量首发公司相比，业绩门槛提高会更有效地缓解业绩远超过门槛的相对高质量首发公司所面临的竞争压力。因此，业绩门槛提高后，业绩远超过门槛的首发公司盈余管理下降得较显著。与已有研究仅发现门槛影响业绩分布于门槛附近的相对低质量公司盈余管理不同，本书研究发现，业绩门槛会影响全体首发公司的盈余管理，且对业绩远超过门槛的相对高质量首发公司盈余管理影响更显著。

随着业绩门槛的提高，首发市场中公司的业绩显著提高，这也会导致不同业绩门槛时期首发公司盈余管理策略差异。然而，本书认为，对于业绩门槛提高前后业绩相近的首发公司，竞争对手的业绩会影响其盈余管理策略。本书研究发现，在较高业绩门槛时期，即使首发公司质量与较低业绩门槛时期首发公司业绩相近，其盈余管理水平仍然较低。

此外，业绩门槛法规变迁对首发公司盈余管理变化具有首要影响。本书发现，2006年新业绩门槛法规实施前后的其他资本市场变革，及业绩门槛法规以外的其他首发法规变迁，均不是导致2006年前后首发公司盈余管理存在差异的主要因素。

6.2　主要研究贡献

首先，本书从效率视角，发展了盈余管理的竞争理论。Shleifer（2004）从道德角度提出，竞争压力可能是导致盈余管理、雇用童工、贿赂等一系列不道德行为的原因之一。之后的研究也沿着同样的道德视角，为Shleifer（2004）提供了实证证据。Chih、Shen和Kang（2008），Cai和Liu（2009），Chu、Du和Jiang（2011），Lin、Officer和Zhan（2014），Lee和Liu（2014）等证明，公司面临的竞争越大，盈余管理越严重。与上述研究不同，本书通过分析竞争对公司盈余管理成本、收益的影响证明，公司盈余管理随着竞争的缓解而减弱。可见，本书从效率角度揭示了竞争对盈余管理的影响。

其次，本书扩展了首发公司盈余管理的研究。已有研究多将盈余管理看作公司误导投资者估值的机会主义行为，如Teoh、Wong和Rao（1998），DuCharme、Malatesta和Sefcik（2001）等。与机会主义盈余管理观点不同，基于投资者可以在一定程度上预期公司存在盈余管理，Shivakumar（2000）证明，公司会为了弥补投资者打折而盈余管理；Fan（2007）证明，低质量公司为了模仿高质量公司而盈余管理，高质量公司为了与低质量公司区分而盈余管理。本书的研究表明，竞争影响公司与投资者之间博弈及公司间博弈的盈余管理效应。随着首发市场竞争压力的减弱，投资者对公司预期提高、打折降低，公司间相互模仿、区分减弱，公司应对投资者及其他公司的盈余管理会降低。可见，本书的研究表明，融资公司的盈余管理随着市场竞争环境的变化而变化。

最后，本书更全面地分析了业绩门槛条件下公司盈余管理策略。已有研究主要关注业绩门槛对业绩分布于门槛周围公司盈余管理的激励作用（如陈小悦、肖星和过晓艳，2000；阎达五、耿建新和刘文鹏，2001；Chen and Yuan，2004；Haw、Qi、Wu D和Wu W，2005；Yu、Du和Sun，2006等），不能全面体现业绩门槛法规的盈余管理效应。本书的研究表明，业绩门槛法规会影响全体首发公司的盈余管理策略。而且，业绩分布于门槛周围的相对低质量公司与业绩远超过门槛的相对高质量公司盈余管理策略存在差异，业绩门槛会更有效地缓解相对高质量公司面临的竞争，对其盈余管理的影响更加显著。

在实践上，本书为证监会发行业绩门槛制度提供理论依据和实证证据，研究表明，较高的业绩门槛可以抑制首发公司盈余管理，节约首发公司发行成本，且筛选上市后会计业绩及市场业绩较高的公司；不仅如此，本书为加快地区市场化建设，推进国有股权私有化进程及促进政企分离提供理论支持，研究表明，优化资源配置等市场改革策略的效果受到市场化水平影响，加快市场化建设对经济改革效果具有事半功倍的作用。

主要参考文献

[1] ADES A, TELLA R D.Rents, Competition, and Corruption [J]. *The American Economic Review*, 1999, 89 (4): 982-993.

[2] AGHION P, BLOOM N, BLUNDELL R, GRIFFITH R, HOWITT P. Competition and Innovation: An Inverted-U Relationship [J]. *The Quarterly Journal of Economics*, 2005, 120 (2): 701-728.

[3] AHARONY J, LIN C, LOEB M P.Initial Public Offerings, Accounting Choices, and Earnings Management [J]. *Contemporary Accounting Research*, 1993, 10 (1): 61-81.

[4] AHARONY J, LEE C-W J, WONG T J.Financial Packaging of IPO Firms in China [J]. *Journal of Accounting Research*, 2000, 38 (1): 103-126.

[5] ALLEN F, FAULHABER G R.Signalling by Underpricing in the IPO Market [J]. *Journal of Financial Economics*, 1989, 23 (2): 303-323.

[6] ALTAMURO J, BEATTY A L, WEBER J. The Effects of Accelerated Revenue Recognition on Earnings Management and Earnings Informativeness: Evidence from SEC Staff Accounting Bulletin No.101 [J]. *The Accounting Review*, 2005, 80 (2): 373-401.

[7] BABER W R, FAIRFIELD P M, HAGGARD J A.The Effect of Concern about Reported Income on Discretionary Spending Decisions: The Case of Research and Development [J]. *The Accounting Review*, 1991, 66 (4): 818-829.

[8] BADERTSCHER B A, COLLINS D W, LYS T Z.Discretionary Accounting Choices and the Predictive Ability of Accruals with Respect to Future Cash Flows [J]. *Journal of Accounting and Economics*, 2012, 53 (1-2): 330-352.

[9] BAKER T, COLLINS D, REITENGA A.Stock Option Compensation and Earnings Management Incentives [J]. *Journal of Accounting, Auditing and Finance*, 2003, 18 (4): 557-582.

[10] BALL R, SHIVAKUMAR L.Earnings Quality at Initial Public Offerings [J]. *Journal of Accounting and Economics*, 2008, 45 (2-3): 324-349.

[11] BALL R, BROWN P. An Empirical Evaluation of Accounting Income Numbers [J]. *Journal of Accounting Research*, 1968, 6 (2): 159-178.

[12] BALSAM S.Discretionary Accounting Choices and CEO Compensation [J]. *Contemporary Accounting Research*, 1998, 15 (3): 229-252.

［13］ BAR-GILL O, BEBCHUK L A.Misreporting Corporate Performance ［D］. ［S.l.］: *Working paper*.Harvard University, 2003.

［14］ BARON D. A Model of the Demand for Investment Bank Advising and Distribution Services for New Issues ［J］. *Journal of Finance*, 1982, 37 (4): 955-976.

［15］ BARTOV E.The Timing of Asset Sales and Earnings Manipulation ［J］. *The Accounting Review*, 1993, 68 (4): 840-855.

［16］ BARTOV E, COHEN D A.The Numbers Game in the Pre-and Post-Sarbanes-Oxley Eras ［J］. *Journal of Accounting, Auditing, and Finance*, 2009, 24 (4): 505-534.

［17］ BEATTY A, WEBER J.The Effects of Debt Contracting on Voluntary Accounting Method Changes ［J］. *The Accounting Review*, 2003, 78 (1): 119-142.

［18］ BEAVER W H.The Information Content of Annual Earnings Announcements ［J］.*Journal of Accounting Research*, 1968: 67-92.

［19］ BECKER B, MILBOURN T.How Did Increased Competition affect Credit Ratings? ［J］. *Journal of Financial Economics*, 2011, 101 (3): 493-514.

［20］ BEGLEY J.Debt Covenants and Accounting Choice ［J］. *Journal of Accounting and Economics*, 1990, 12 (1-3): 125-139.

［21］ BENNETT V M, PIERCE L, SNYDER J A, et al. Customer-Driven Misconduct: How Competition Corrupts Business Practices ［J］. *Management Science*, 2013, 59 (8): 1725-1742.

［22］ BERGSTRESSER D, PHILIPPON T. CEO Incentives and Earnings Management ［J］. *Journal of Financial Economics*, 2006, 80 (3): 511-529.

［23］ BHAGAT S, BRIAN B.Corporate Governance and Firm Performance ［J］. *Journal of Corporate Finance*, 2008, 14 (3): 257-273.

［24］ BHOJRAJ S, LIBBY R.Capital Market Pressure, Disclosure Frequency-Induced Earnings/Cash Flow Conflicts, and Managerial Myopia ［J］. *The Accounting Review*, 2005, 80 (1): 1-20.

［25］ BLUNDELL R, GRIFFITH R, REENEN J V.Market Share, Market Value and Innovation in a Panel of British Manufacturing Firms ［J］. *The Review of Economic Studies*, 1999, 66 (3): 529-554.

［26］ BOLTON P, FREIXAS X, SHAPIRO J.The Credit Ratings Game ［J］. *The Journal of Finance*, 2012, 67 (1): 85-111.

［27］ BRANDT L, LI H. Bank Discrimination in Transition Economies: Ideology, Information or Incentives? ［J］. *Journal of Comparative Economics*, 2003,

31（3）：387-413.

[28] BRESNAHAN T F, REISS P C. Entry and Competition in Concentrated Markets [J]. *Journal of Political Economy*, 1991, 99（5）：977-1009.

[29] BURGSTAHLER D, DICHEV I. Earnings Management to Avoid Earnings Decreases and Losses [J]. *Journal of Accounting and Economics*, 1997, 24（1）：99-126.

[30] BURNS N, KEDIA S. The Impact of Performance-Based Compensation on Misreporting [J]. *Journal of Financial Economics*, 2006, 79（1）：35-67.

[31] BUTLER A W. Distance Still Matters: Evidence from Municipal Bond Underwriting [J]. *Review of Financial Studies*, 2008, 21（2）：763-784.

[32] BYARD D, HOSSAIN M, MITRA S. US Oil Companies' Earnings Management in Response to Hurricanes Katrina and Rita [J]. *Journal of Accounting and Public Policy*, 2007, 26（6）：733-748.

[33] CAHAN S F. The Effect of Antitrust Investigations on Discretionary Accruals: A Refined Test of the Political-Cost Hypothesis [J]. *The Accounting Review*, 1992, 67（1）：77-95.

[34] CAI H, LIU Q. Competition and Corporate Tax Avoidance: Evidence from Chinese Industrial Firms [J]. *The Economic Journal*, 2009, 119（537）：764-795.

[35] CARLSON M, FISHER A, GIAMMARINO R. Corporate Investment and Asset Price Dynamics: Implications for SEO Event Studies and Long-Run Performance [J]. *The Journal of Finance*, 2006, 61（3）：1009-1034.

[36] CATON G L, CHIYACHANTANA C N, CHUA C, et al. Earnings Management Surrounding Seasoned Bond Offerings: Do Managers Mislead Ratings Agencies and the Bond Market? [J]. *Journal of Financial and Quantitative Analysis*, 2011, 46（3）：687-708.

[37] CHAHINE S, ARTHURS J D, FILATOTCHEV I, et al. The Effects of Venture Capital Syndicate Diversity on Earnings Management and Performance of IPOs in the US and UK: An Institutional Perspective [J]. *Journal of Corporate Finance*, 2012, 18（1）：179-192.

[38] CHARNESS G, MASCLET D, VILLEVAL M C. The Dark Side of Competition for Status [J]. *Management Science*, 2014, 60（1）：38-55.

[39] CHEMMANUR T J, HE S, NANDY D K. The Going-Public Decision and the Product Market [J]. *Review of Financial Studies*, 2010, 23（5）：1855-1908.

[40] CHEN C J P, CHEN S, SU X. Profitability Regulation, Earnings Management, and Modified Audit Opinions: Evidence from China [J]. *Auditing: A*

Journal of Practice & Theory, 2001, 20（2）: 9-30.

［41］CHEN H, CHEN J Z, LOBO G J , et al. Association between Borrower and Lender State Ownership and Accounting Conservatism ［J］. *Journal of Accounting Research*, 2010, 48（5）: 973-1014.

［42］CHEN H, CHEN J Z , LOBO G J, et al. Effects of Audit Quality on Earnings Management and Cost of Equity Capital: Evidence from China ［J］. *Contemporary Accounting Research*, 2011, 28（3）: 892-925.

［43］CHEN K C W, WANG J.Accounting-Based Regulation in Emerging Markets: The Case of China's Seasoned-equity Offerings ［J］. *The International Journal of Accounting*, 2007, 42（3）: 221-236.

［44］CHEN K C W, YUAN H.Earnings Management and Capital Resource Allocation: Evidence from China's Accounting-Based Regulation of Rights Issues ［J］. *The Accounting Review*, 2004, 79（3）: 645-665.

［45］CHEN S, HUANG C.The Sarbanes-Oxley Act, Earnings Management, and Post-Buyback Performance of Open-Market Repurchasing Firms ［J］. *Journal of Financial and Quantitative Analysis*, 2013, 48（6）: 1847-1876.

［46］CHEN S, LIN W, CHANG S, et al. Information Uncertainty, Earnings Management, and Long-run Stock Performance Following Initial Public Offerings ［J］. *Journal of Business Finance & Accounting*, 2013, 40（9-10）: 1126-1154.

［47］CHEN X, LEE C J, LI J.Government Assisted Earnings Management in China ［J］. *Journal of Accounting and Public Policy*, 2008, 27（3）: 262-274.

［48］CHENG Q, WARFIELD T D.Equity Incentives and Earnings Management ［J］. *The Accounting Review*, 2005, 80（2）: 441-476.

［49］CHI J D, GUPTA M. Overvaluation and Earnings Management ［J］. *Journal of Banking & Finance*, 2009, 33（9）: 1652-1663.

［50］CHIH H, SHEN C, KANG F.Corporate Social Responsibility, Investor Protection, and Earnings Management: Some International Evidence ［J］. *Journal of Business Ethics*, 2008, 79（1-2）: 179-198.

［51］CHO S Y, SACHS K D.Earnings Management and Deregulation: The Case of Motor Carriers ［J］. *Journal of Accounting and Public Policy*, 2012, 31（5）: 451-470.

［52］CHOU D, WANG C E, CHEN S, et al. Earnings Management and the Long-Run Underperformance of Firms Following Convertible Bond Offers ［J］. *Journal of Business Finance & Accounting*, 2009, 36（1-2）: 73-98.

［53］CHRISTIE A A, ZIMMERMAN J L.Efficient and Opportunistic Choices of

Accounting Procedures： Corporate Control Contests ［J］. *The Accounting Review*, 1994, 69 （4）： 539-566.

［54］ CHU A G H, DU X, JIANG G.Buy, Lie, or Die： An Investigation of Chinese ST Firms' Voluntary Interim Audit Motive and Auditor Independence ［J］. *Journal of Business Ethics*, 2011, 102 （1）： 135-153.

［55］ COHEN D A, PANDIT S, WASLEY C, et al. Measuring Real Activity Management ［D］. ［S.l.］： *Working Paper*, 2011.

［56］ COHEN D A, DEY A, LYS T Z. Real and Accrual - Based Earnings Management in the Pre-and Post-Sarbanes-Oxley Periods ［J］. *The Accounting Review*, 2008, 83 （3）： 757-787.

［57］ COHEN D A, ZAROWIN P.Accrual-Based and Real Earnings Management Activities around Seasoned Equity Offerings ［J］. *Journal of Accounting and Economics*, 2010, 50 （1）： 2-19.

［58］ COLOMBO M G, GRILLI L, MURTINU S. R&D Subsidies and the Performance of High - Tech Start - Ups ［J］. *Economics Letters*, 2011, 112 （1）： 97-99.

［59］ COMPRIX J, MULLER K A.Asymmetric Treatment of Reported Pension Expense and Income Amounts in CEO Cash Compensation Calculations ［J］. *Journal of Accounting and Economics*, 2006, 42 （3）： 385-416.

［60］ CUMMING D J, HOU W, LEE E.Impact of Split Share Structure Reform in China on CEO Accountability to Corporate Fraud ［D］. ［S.l.］： *Working paper*, 2012.

［61］ CUMMINS J G, NYMAN I.The Dark Side of Competitive Pressure ［J］. *The Rand Journal of Economics*, 2005, 36 （2）： 361-377.

［62］ DANIEL N D, DENIS D J, NAVEEN L. Do Firms Manage Earnings to Meet Dividend Thresholds? ［J］. *Journal of Accounting and Economics*, 2008, 45 （1）： 2-26.

［63］ DARROUGH M, RANGAN S.Do Insiders Manipulate Earnings When They Sell Their Shares in an Initial Public Offering? ［J］. *Journal of Accounting Research*, 2005, 43 （1）： 1-33.

［64］ DEANGELO L E. Managerial Competition, Information Costs, and Corporate Governance： The Use of Accounting Performance Measures in Proxy Contests ［J］. *Journal of Accounting and Economics*, 1988, 10 （1）： 3-36.

［65］ DECHOW P M, HUTTON A P, KIM J H, et al. Detecting Earnings Management： A New Approach ［J］. *Journal of Accounting Research*, 2012, 50 （2）：

275-334.

[66] DECHOW P M, SKINNER D J. Earnings Management: Reconciling the Views of Accounting Academics, Practitioners, and Regulators [J]. *Accounting Horizons*, 2000, 14 (2): 235-250.

[67] DECHOW P M, DICHEV I D.The Quality of Accruals and Earnings: The Role of Accrual Estimation Errors [J]. *The Accounting Review*, 2002, 77 (1): 35-59.

[68] DECHOW P M, SLOAN R G, SWEENEY A P. Detecting Earnings Management [J]. *The Accounting Review*, 1995, 70 (2): 193-225.

[69] DECHOW P M, KOTHARI S P, WATTS R L. The Relation between Earnings and Cash Flows [J]. *Journal of Accounting and Economics*, 1998, 25 (2): 133-168.

[70] DEFOND M L, JIAMBALVO J.Debt Covenant Violation and Manipulation of Accruals [J]. *Journal of Accounting and Economics*, 1994, 17 (1): 145-176.

[71] DEGEORGE F, PATEL J, ZECKHAUSER R.Earnings Management to Exceed Thresholds [J]. *The Journal of Business*, 1999, 72 (1): 1-33.

[72] DEMIRTAS K O, CORNAGGIA K R.Initial Credit Ratings and Earnings Management [J]. *Review of Financial Economics*, 2013, 22 (4): 135-145.

[73] DEWENTER K L, MALATESTA P H.State Owned and Privately Owned Firms: An Empirical Analysis of Profitability, Leverage, and Labor Intensity [J]. *The American Economic Review*, 2001, 91 (1): 320-334.

[74] DICHEV I D, SKINNER D J.Large-Sample Evidence on the Debt Covenant Hypothesis [J]. *Journal of Accounting Research*, 2002, 40 (4): 1091-1123.

[75] DUCHARME L L, MALATESTA P H, SEFCIK S E. Earnings Management: IPO Valuation and Subsequent Performance [J]. *Journal of Accounting, Auditing & Finance*, 2001, 16 (4): 369-396.

[76] DUCHARME L L, MALATESTA P H, SEFCIK S E. Earnings Management, Stock Issues, and Shareholder Lawsuits [J]. *Journal of Financial Economics*, 2004, 71 (1): 27-49.

[77] DYE R A.Earnings Management in an Overlapping Generations Model [J]. *Journal of Accounting Research*, 1988, 26 (2): 195-235.

[78] EFENDI J, SRIVASTAVA A, SWANSON E P. Why Do Corporate Managers Misstate Financial Statements? The Role of Option Compensation and other Factors [J]. *Journal of Financial Economics*, 2007, 85 (3): 667-708.

[79] ERICKSON M, WANG S.Earnings Management by Acquiring Firms in

Stock for Stock Mergers [J]. *Journal of Accounting and Economics*, 1999, 27 (2): 149–176.

[80] ERICKSON M, HANLON M, MAYDEW E L. Is There a Link between Executive Equity Incentives and Accounting Fraud? [J]. *Journal of Accounting Research*, 2006, 44 (1): 113–143.

[81] EWERT R, WAGENHOFER A. Economic Effects of Tightening Accounting Standards to Restrict Earnings Management [J]. *The Accounting Review*, 2005, 80 (4): 1101–1124.

[82] FAMA E F, FRENCH K R. The Cross-Section of Expected Stock Returns [J]. *The Journal of Finance*, 1992, 47 (2): 427–465.

[83] FAN J P H, WONG T J, ZHANG T. Politically Connected CEOs, Corporate Governance, and Post-IPO Performance of China's Newly Partially Privatized Firms [J]. *Journal of Financial Economics*, 2007, 84 (2): 330–357.

[84] FAN Q. Earnings Management and Ownership Retention for Initial Public Offering Firms: Theory and Evidence [J]. *The Accounting Review*, 2007, 82 (1): 27–64.

[85] FRANCIS J R, WANG D. The Joint Effect of Investor Protection and Big 4 Audits on Earnings Quality around the World [J]. *Contemporary Accounting Research*, 2008, 25 (1): 157–191.

[86] FRANCIS J, LAFOND R, OLSSON P, et al. The Market Pricing of Accruals Quality [J]. *Journal of Accounting and Economics*, 2005, 39 (2): 295–327.

[87] FRIEDLAN J M. Accounting Choices of Issuers of Initial Public Offerings [J]. *Contemporary Accounting Research*, 1994, 11 (1): 1–31.

[88] FUDENBERG D, TIROLE J. A Theory of Income and Dividend Smoothing Based on Incumbency Rents [J]. *The Journal of Political Economy*, 1995, 103 (1): 75–93.

[89] GAVER J J, GAVER K M, AUSTIN J R. Additional Evidence on Bonus Plans and Income Management [J]. *Journal of Accounting and Economics*, 1995, 19 (1): 3–28.

[90] GONG G, LOUIS H, SUN A X. Earnings Management, Lawsuits, and Stock-for-Stock Acquirers' Market Performance [J]. *Journal of Accounting and Economics*, 2008a, 46 (1): 62–77.

[91] GONG G, LOUIS H, SUN A X. Earnings Management and Firm Performance Following Open-Market Repurchases [J]. *The Journal of Finance*, 2008b, 63 (2): 947–986.

［92］ González X, Jaumandreu J, Pazó C. Barriers to Innovation and Subsidy Effectiveness ［J］. *The RAND Journal of Economics*, 2005, 36 (4): 930-950.

［93］ GRACE M F, LEVERTY J T. Political Cost Incentives for Managing the Property-Liability Insurer Loss Reserve ［J］. *Journal of Accounting Research*, 2010, 48 (1): 21-49.

［94］ GRAHAM J R, HARVEY C R, RAJGOPAL S. The Economic Implications of Corporate Financial Reporting ［J］. *Journal of Accounting and Economics*, 2005, 40 (1-3): 3-73.

［95］ GRINBLATT M, HWANG C Y. Signalling and the Pricing of New Issues ［J］. *The Journal of Finance*, 1989, 44 (2): 393-420.

［96］ GUAY W R, KOTHARI S P, WATTS R L. A Market-Based Evaluation of Discretionary Accrual Models ［J］. *Journal of Accounting Research*, 1996, 34: 83-105.

［97］ GUIDRY F, LEONE A J, ROCK S. Earnings-Based Bonus Plans and Earnings Management by Business-Unit Managers ［J］. *Journal of Accounting and Economics*, 1999, 26 (1-3): 113-142.

［98］ GUNNY K. The Relation between Earnings Management Using Real Activities Manipulation and Future Performance: Evidence from Meeting Earnings Benchmarks ［J］. *Contemporary Accounting Research*, 2010, 27 (3): 855-888.

［99］ HALL S C. Political Scrutiny and Earnings Management in the Oil Refining Industry ［J］. *Journal of Accounting and Public Policy*, 1993, 12 (4): 325-351.

［100］ HAN J C Y, WANG S. Political Costs and Earnings Management of Oil Companies during the 1990 Persian Gulf Crisis ［J］. *The Accounting Review*, 1998, 73 (1): 103-117.

［101］ HART O D. The Market Mechanism as an Incentive Scheme ［J］. *The Bell Journal of Economics*, 1983, 14 (2): 366-382.

［102］ HAW I, HU B, HWANG L, et al. Ultimate Ownership, Income Management, and Legal and Extra-Legal Institutions ［J］. *Journal of Accounting Research*, 2004, 42 (2): 423-462.

［103］ HAW I M, QI D, WU D, et al. Market Consequences of Earnings Management in Response to Security Regulations in China ［J］. *Contemporary Accounting Research*, 2005, 22 (1): 95-140.

［104］ HE X, WONG T J, YOUNG D. Challenges for Implementation of Fair Value Accounting in Emerging Markets: Evidence from China ［J］. *Contemporary Accounting Research*, 2012, 29 (2): 538-562.

[105] HEALY P M.The Effect of Bonus Schemes on Accounting Decisions [J]. *Journal of Accounting and Economics*, 1985, 7 (1-3): 85-107.

[106] HEALY P M, WAHLEN J M.A Review of the Earnings Management Literature and its Implications for Standard Setting [J]. *Accounting Horizons*, 1999, 13 (4): 365-383.

[107] HEALY P M, PALEPU K G.Effectiveness of Accounting-Based Dividend Covenants [J]. *Journal of Accounting and Economics*, 1990, 12 (1-3): 97-123.

[108] HERON R, LIE E.Operating Performance and the Method of Payment in Takeovers [J]. *Journal of Financial and Quantitative Analysis*, 2002, 37 (1): 137-155.

[109] HOLTHAUSEN R, LARCKER D F, SLOAN R G. Annual Bonus Schemes and the Manipulation of Earnings [J]. *Journal of Accounting and Economics*, 1995, 19 (1): 29-74.

[110] JACKSON S B, LIU X K.The Allowance for Uncollectible Accounts, Conservatism, and Earnings Management [J]. *Journal of Accounting Research*, 2010, 48 (3): 565-601.

[111] JAIN B A, KINI O.The Post-Issue Operating Performance of IPO Firms [J]. *Journal of Finance*, 1994, 49 (5): 1699-1726.

[112] JENSEN M C.Agency Costs of Free Cash Flow, Corporate Finance, and Takeovers [J]. *The American Economic Review*, 1986, 76 (2): 323-329.

[113] JENSEN M C. Agency Costs of Overvalued Equity [J]. *Financial Management*, 2005, 34 (1): 5-19.

[114] JIANG J X, PETRONI K R, WANG I Y.CFOs and CEOs: Who Have the Most Influence on Earnings Management? [J]. *Journal of Financial Economics*, 2010, 96 (3): 513-526.

[115] JOHNSTON D, JONES D A. How Does Accounting fit into a Firm's Political Strategy? [J]. *Journal of Accounting and Public Policy*, 2006, 25 (2): 195-228.

[116] JOHNSTON D, ROCK S. Earnings Management to Minimize Superfund Clean-up and Transaction Costs [J]. *Contemporary Accounting Research*, 2005, 22 (3): 617-642.

[117] JONES J J.Earnings Management during Import Relief Investigations [J]. *Journal of Accounting Research*, 1991, 29 (2): 193-228.

[118] KASANEN E, KINNUNEN J, NISKANEN J.Dividend-Based Earnings Management: Empirical Evidence from Finland [J]. *Journal of Accounting and*

Economics，1996，22（1－3）：283-312.

［119］KATZ S P.Earnings Quality and Ownership Structure The Role of Private Equity Sponsors［J］．*The Accounting Review*，2009，84（3）：623-658.

［120］KEY K G.Political Cost Incentives for Earnings Management in the Cable Television Industry［J］．*Journal of Accounting and Economics*，1997，23（3）：309-337.

［121］KIM Y，PARK M S.Pricing of Seasoned Equity Offers and Earnings Management［J］．*The Journal of Financial and Quantitative Analysis*，2005，40（2）：435-463.

［122］KIRSCHENHEITER M，MELUMAD N D.Can "Big Bath" and Earnings Smoothing Co‐exist as Equilibrium Financial Reporting Strategies［J］．*Journal of Accounting Research*，2002，40（3）：761-796.

［123］KOTHARI S，LEONE A，WASLEY C. Performance Matched Discretionary Accrual Measures［J］．*Journal of Accounting and Economics*，2005，39（1）：163-197.

［124］KOTHARI S，WARNER J. Measuring Long‐Horizon Security Price Performance［J］．*Journal of Financial Economics*，1997，43：301-339.

［125］LAMBERT R A.Income Smoothing as Rational Equilibrium Behavior［J］．*The Accounting Review*，1984，59（4）：604-618.

［126］LEE J，LIU X.Competition，Capital Market Feedback，and Earnings Management：Evidence from Economic Deregulation［D］．［S.l.］：*Working Paper*，2014.

［127］LERNER J.The Government as Venture Capitalist：The Long-Run Impact of the SBIR Program［J］．*The Journal of Business*，1999，72（3）：285-318.

［128］LEUZ C，NANDA D，WYSOCKI P D .Earnings Management and Investor Protection：An International Comparison［J］．*Journal of Financial Economics*，2003，69（3）：505-527.

［129］LIN C，OFFICER M S，ZHAN X.Does Competition Affect Earnings Management？ Evidence from a Natural Experiment［D］．［S.l.］：*Working Paper*，2014.

［130］LJUNGQVIST A P.IPO Underpricing［M］．New York，NY：Elsevier/North Holland，In *Handbook of Corporate Finance*，Volume 1：Empirical Corporate Finance，edited by E.Eckbo，2007：375-422.

［131］LOUGHRAN T，RITTER J R.The New Issues Puzzle［J］．*Journal of Finance*，1995，50（1）：23-51.

[132] LOUIS H.Earnings Management and the Market Performance of Acquiring Firms [J]. *Journal of Financial Economics*, 2004, 74 (1): 121-148.

[133] LYANDRES E, SUN L, ZHANG L.The New Issues Puzzle: Testing the Investment-Based Explanation [J]. *The Review of Financial Studies*, 2008, 21 (6): 2825-2855.

[134] MANSFIELD E, SWITZER L. Effects of Federal Support on Company-Financed R and D: The Case of Energy [J]. *Management Science*, 1984, 30 (5): 562-571.

[135] MATSUMOTO D A.Management's Incentives to Avoid Negative Earnings Surprises [J]. *The Accounting Review*, 2002, 77 (3): 483-514.

[136] MONEM R M.Earnings Management in Response to the Introduction of the Australian Gold Tax [J]. *Contemporary Accounting Research*, 2003, 20 (4): 747-774.

[137] MORSFIELD S G, TAN C E L. Do Venture Capitalists Influence the Decision to Manage Earnings in Initial Public Offerings? [J]. *The Accounting Review*, 2006, 81 (5): 1119-1150.

[138] PATTEN D M, TROMPETER G.Corporate Responses to Political Costs: An Examination of the Relation between Environmental Disclosure and Earnings Management [J]. *Journal of Accounting and Public Policy*, 2003, 22 (1): 83-94.

[139] PERRY S E, WILLIAMS T H. Earnings Management Preceding Management Buyout Offers [J]. *Journal of Accounting and Economics*, 1994, 18 (2): 157-179.

[140] PRESS E G, WEINTROP J B.Accounting-Based Constraints in Public and Private Debt Agreements: Their Association with Leverage and Impact on Accounting Choice [J]. *Journal of Accounting and Economics*, 1990, 12 (1-3): 65-95.

[141] PURNANANDAM A K, SWAMINATHAN B. Are IPOs Really Underpriced? [J]. *Review of Financial Studies*, 2004, 17 (3): 811-848.

[142] RITTER J R.The Long-Run Performance of Initial Public Offerings [J]. *Journal of Finance*, 1991, 46 (1): 3-27.

[143] ROCK K.Why New Issues are Underpriced [J]. *Journal of Financial Economics*, 1986, 15 (1-2): 187-212.

[144] ROYCHOWDHURY S. Earnings Management through Real Activities Manipulation [J]. *Journal of Accounting and Economics*, 2006, 42 (3): 335-370.

[145] SCHMIDT K M. Managerial Incentives and Product Market Competition [J]. *The Review of Economic Studies*, 1997, 64 (2): 191-213.

［146］ SHIVAKUMAR L. Do Firms Mislead Investors by Overstating Earnings before Seasoned Equity Offerings？［J］. *Journal of Accounting and Economics*，2000，29（3）：339-371.

［147］ SHLEIFER A. Does Competition Destroy Ethical Behavior？［J］. *American Economic Review*，2004，94（2）：414-418.

［148］ SHLEIFER A，VISHNY R W. A Survey of Corporate Governance［J］. *The Journal of Finance*，1997，52（2）：737-783.

［149］ SPENCE A M. Monopoly，Quality，and Regulation［J］. *The Bell Journal of Economics*，1975，6（2）：417-429.

［150］ STEIN J C. Efficient Capital Markets，Inefficient Firms：A Model of Myopic Corporate Behavior［J］. *The Quarterly Journal of Economics*，1989，104（4）：655-669.

［151］ STUBBEN S. Discretionary Revenues as a Measure of Earnings Management［J］. *The Accounting Review*，2010，85（2）：695-717.

［152］ SUBRAMANYAM K R. The Pricing of Discretionary Accruals［J］. *Journal of Accounting and Economics*，1996，22（1-3）：249-281.

［153］ SWEENEY A P. Debt-Covenant Violations and Managers'Accounting Responses［J］. *Journal of Accounting and Economics*，1994，17（3）：281-308.

［154］ SYVERSON C. Market Structure and Productivity：A Concrete Example［J］. *Journal of Political Economy*，2004，112（6）：1181-1222.

［155］ SZCZESNY A，LENK A，HUANG T. Substitution，Availability and Preferences in Earnings Management：Empirical Evidence from China［J］. *Review of Managerial Science*，2008，2（2）：129-160.

［156］ TEOH S H，WELCH I，WONG T J. Earnings Management and the Long-Run Market Performance of Initial Public Offerings［J］. *Journal of Finance*，1998，53（6）：1935-1974.

［157］ TEOH S，WONG T J，RAO G R. Are Earnings During Initial Public Offerings Opportunistic？［J］. *Review of Accounting Studies*，1998，3（1-2）：175-208.

［158］ THOMAS J K，ZHANG H. Inventory Changes and Future Returns［J］. *Review of Accounting Studies*，2002，7（2-3）：163-187.

［159］ TIAN L. Regulatory Underpricing：Determinants of Chinese Extreme IPO Returns［J］. *Journal of Empirical Finance*，2011，18（1）：78-90.

［160］ WATTS R L，ZIMMERMAN J L. Positive Accounting Theory：A Ten Year Perspective［J］. *The Accounting Review*，1990，65（1）：131-156.

［161］WELCH I.Seasoned Offerings，Imitation Costs，and the Underpricing of Initial Public Offerings ［J］. *The Journal of Finance*，1989，44（2）：421-449.

［162］WHITE H.A Heteroskedasticity-Consistent Covariance Matrix Estimator and a Direct Test for Heteroskedasticity ［J］. *Econometrica*，1980，48（4）：817-838.

［163］WONG J.Political Costs and an Intraperiod Accounting Choice for Export Tax Credits ［J］. *Journal of Accounting and Economics*，1988，10（1）：37-51.

［164］WU Y W.Management Buyouts and Earnings Management ［J］. *Journal of Accounting，Auditing and Finance*，1997，12（2）：373-389.

［165］YU Q，DU B，SUN Q.Earnings Management at Rights Issues Thresholds-Evidence from China ［J］. *Journal of Banking and Finance*，2006，30（12）：3453-3468.

［166］ZANG A Y.Evidence on the Trade-off between Real Activities Manipulation and Accrual-Based Earnings Management ［J］. *The Accounting Review*，2012，87（2）：675-703.

［167］白云霞，吴联生. 信息披露与国有股权私有化中的盈余管理 ［J］. 会计研究，2008，（10）：37-45.

［168］陈小悦，肖星，过晓艳. 配股权与上市公司利润操纵 ［J］. 经济研究，2000（1）：30-36.

［169］林舒，魏明海. 中国A股发行公司首次公开募股过程中的盈利管理 ［J］. 中国会计与财务研究，2000（2）：87-108.

［170］樊纲，王小鲁，朱恒鹏. 中国市场化指数：各地区市场化相对进程2011年报告 ［M］. 北京：经济科学出版社，2011.

［171］王克敏，廉鹏. 保荐制度改善首发上市公司盈余质量了吗？［J］. 管理世界，2010（8）：21-34.

［172］王克敏，刘博. 公开增发业绩门槛与盈余管理 ［J］. 管理世界，2012（8）：30-42.

［173］王克敏，刘博. 公司控制权转移与盈余管理研究 ［J］. 管理世界，2014（7）：144-156.

［174］王正位，赵冬青，朱武祥. 再融资门槛无效吗？［J］. 管理世界，2006（10）：108-113.

［175］吴文峰，胡戈游，吴冲锋，等. 从长期业绩看设置再发行"门槛"的合理性 ［J］. 管理世界，2005（5）：127-134.

［176］徐浩萍，陈超. 会计盈余质量、新股定价与长期绩效——来自中国IPO市场发行制度改革后的证据 ［J］. 管理世界，2009（8）：25-38.

［177］阎达五，耿建新，刘文鹏. 我国上市公司配股融资行为的实证研究［J］. 会计研究，2001（9）：21-27.

［178］章铁生，徐德信，余浩. 证券发行管制下的地方"护租"与上市公司财务困境风险化解［J］. 会计研究，2012（8）：41-48.

［179］郑琦，陈鹄飞. 上市公司增发新股政策的变更及有效性研究［J］. 审计与经济研究，2009，24（6）：103-108.

后 记

本书系由我的博士论文修改而成。本书以中国上市公司增发业绩门槛制度为背景，探讨了上市公司应对逆向选择的盈余管理策略。盈余管理的机会主义属性已被学者、从业者、政策制定者等充分讨论，然而，关于盈余管理应对信息不对称、降低逆向选择成本等方面的研究相对较少，本书仅供对此问题感兴趣的读者参阅。

回首成书过程，感谢复旦大学管理学院王克敏教授的指导。王老师不仅给予我知识方面的引导，同时，她用心教育我如何成为一名合格的学者。感谢教导过我的老师们，感谢吉林大学商学院庞晓波教授，复旦大学管理学院孙谦教授、范龙振教授及劳兰珺教授。

最后，衷心感谢我的父母。他们是我最坚强的后盾，有了他们的支持，本书才得以完成。谨以此书献给我的父母。

作　者
2021年2月23日

索　引

业绩门槛—1-10，18-77，79-83

盈余管理—1-28，32-52，54，57，59，61，63-64，66，71-83

首次公开募股—1，16，97，99

竞争压力—1-2，4-9，15，21-24，26，28，31-33，43，47，49，81-82